Internet, Redes Sociales y Dispositivos digitales. ADGG040PO

Miriam Barberá Luque

ic editorial

Internet, Redes Sociales y Dispositivos digitales. ADGG040PO
© Miriam Barberá Luque

1ª Edición

© IC Editorial, 2025

Editado por: IC Editorial
c/ Cueva de Viera, 2, Local 3
Centro Negocios CADI
29200 Antequera (Málaga)
Teléfono: 952 70 60 04
Fax: 952 84 55 03
Correo electrónico: iceditorial@iceditorial.com
Internet: www.iceditorial.com

ISBN: 979-13-7027-022-3
Depósito Legal: MA 1282-2025

Impresión: PODiPrint
Impreso en Andalucía – España

Nota de la editorial: IC Editorial pertenece a Innovación y Cualificación S. L.

Especialidad formativa

Se entiende por especialidad formativa la agrupación de contenidos, competencias profesionales y especificaciones técnicas que responde a un conjunto de actividades de trabajo enmarcadas en una fase del proceso de producción y con funciones afines.

Las especialidades formativas de Uso General, Formación Complementaria, Formación Modular y las especialidades formativas dirigidas a la obtención de certificados de profesionalidad se incluyen en el Fichero de Especialidades del Servicio Público de Empleo Estatal para su gestión en todo el territorio nacional por cualquier Administración competente.

Las especialidades complementarias, pertenecen todas a la Familia profesional de Formación Complementaria (FCO) y tienen la consideración de formación transversal en áreas que se consideran prioritarias tanto en el marco de la Estrategia Europea para el Empleo y del Sistema Nacional de Empleo como en las directrices establecidas por la Unión Europea. Se consideran áreas prioritarias las relativas a tecnologías de la información y la comunicación, la prevención de riesgos laborales, la sensibilización en medio ambiente, la promoción de la igualdad, la orientación profesional y aquellas otras que se establezcan por la Administración competente.

Las especialidades de Certificado de profesionalidad tienen una duración especificada en su normativa reguladora.

En el resultado de la búsqueda, se muestran las unidades de competencia, todos los módulos formativos con su duración y las unidades formativas del certificado correspondiente, con su duración. Las horas del certificado, exclusivo de las especialidades de certificado de profesionalidad, con alta igual o superior a 2008, son las horas totales más las horas del módulo de Prácticas Profesionales no Laborales.

➲ **Si la especialidad tiene unidades formativas,** las horas totales, presencial, distancia, teleformación serán igual a la suma de esas horas de las unidades formativas de los distintos módulos, sin que se repita ninguna Unidad formativa.

◗ **Si la especialidad no tiene unidades formativas,** las horas totales, presencial, distancia, teleformación serán igual a las sumas de esas horas de los módulos formativos, eliminando las horas de los módulos repetidos.

https://sede.sepe.gob.es/especialidadesformativas/RXBuscadorEFRED/BusquedaEspecialidades.do

(Fuente: Servicio Público de Empleo Estatal)

Índice

Unidad de aprendizaje 4
Dispositivos

OBJETIVOS GENERALES

Los objetivos generales del **ADGG040PO Internet, redes sociales y dispositivos digitales,** son:

- ⤷ Adquirir conocimientos sobre las nuevas tecnologías, los dispositivos digitales y el acceso a la información que ofrecen internet y las redes sociales.
- ⤷ Identificar los perfiles digitales.
- ⤷ Conocer las principales funcionalidades de internet.
- ⤷ Descubrir los componentes principales de la web 2.0.
- ⤷ Identificar los principales dispositivos tecnológicos que se pueden utilizar hoy en día.

Nociones básicas: el perfil digital

Contenido

Objetivos

El objetivo general de esta Unidad de Aprendizaje es:

→ Identificar los perfiles digitales.

Los objetivos específicos de esta Unidad de Aprendizaje son:

→ Definir al usuario digital.

→ Distinguir los tipos de usuarios digitales.

→ Enumerar las generaciones digitales.

→ Definir el perfil digital.

1. Introducción

La evolución de internet y las nuevas tecnologías ha provocado que las redes sociales se hayan convertido en un medio más de comunicación y de generación de contenido. De hecho, se puede decir que es el más importante.

Esto, a su vez, ha generado que se pueda hablar de un nuevo tipo de usuario: el usuario digital. Este es aquel que tiene relación, en mayor o menor medida, con los medios y tecnologías digitales, y que las utiliza según sus necesidades.

Así, se pueden distinguir diferentes tipos de usuarios digitales que se desglosan en generaciones digitales. Estas generaciones presentan grandes diferencias entre sí, especialmente en lo relacionado con la manera en la que lo digital tiene cabida en su vida.

Por último, este nuevo escenario hace que también se necesite hablar de perfil social: aquella información que un usuario dice y muestra sobre él mismo, junto a la información que otros también aportan.

Esta identidad digital es bastante valorada por las empresas hoy en día, por lo que es importante tener en cuenta algunos consejos para mantenerla de manera adecuada.

Para el desarrollo de esta unidad, nos centraremos en el caso de Manuela, una jubilada que ha decidido apuntarse a un curso de informática para aprender a manejar internet y utilizar las redes sociales.

2. Un nuevo usuario: el usuario digital

☞ HILO CONDUCTOR

En la primera clase de informática a la que acude Manuela le hacen una breve introducción sobre el usuario digital. Le explican, pues, a qué hace referencia este término y por qué ha surgido. Manuela entiende ahora un poco mejor a sus hijos y nietos.

- -

La llegada de la web 2.0 y, con ella, los medios digitales y las redes sociales, provoca que aparezca un nuevo tipo de usuario. Este usuario puede denominarse usuario digital y es **aquel que está directamente asociado a las nuevas tecnologías de la información** y que tiene integrados los conceptos digitales.

 **NOTA**

El usuario digital encuentra en los medios digitales su entorno de ocio y de trabajo.

Aun así, es cierto que, debido al avance de las nuevas tecnologías y a la progresiva aparición de estas, se pueden diferenciar **tres tipos de usuarios digitales,** en función de la relación de los mismos con la digitalización:

➲ Los **nativos digitales** se caracterizan por lo siguiente:

- ◡ Usuarios de hasta 25 años.
- ◡ Relaciones basadas en el uso de la tecnología (por ejemplo, redes sociales).
- ◡ Inmersos en la tecnología desde su infancia.
- ◡ Aprenden a utilizar las herramientas tecnológicas instintivamente.
- ◡ Para ellos, tienen más importancia los medios digitales que los tradicionales.
- ◡ Están en permanente comunicación.
- ◡ Internet, para ellos, es fuente de conocimiento.
- ◡ Hábito de lectura digital, generalmente.
- ◡ Navegan sin límites, no por una necesidad puntual.

➲ Los **inmigrantes digitales** poseen las siguientes características:

- ◡ Usuarios cuya edad comprende de los 26 a los 55 años.
- ◡ Empezaron utilizando papel y acabaron en lo digital.
- ◡ Se acercan a la tecnología de manera más lenta y progresiva.
- ◡ Utilizan internet según sus necesidades.
- ◡ Necesitan de un aprendizaje clásico para utilizar las herramientas tecnológicas.
- ◡ Alternan medios tradicionales con medios digitales.
- ◡ Predomina la lectura impresa.

⮑ Los **usuarios analógicos** se caracterizan por:

- ◔ Son usuarios de 56 años en adelante.
- ◔ El contacto con las nuevas tecnologías es escaso o nulo.
- ◔ Basan sus relaciones sociales en los medios tradicionales y el contacto físico y directo (no redes sociales).
- ◔ Tienen dificultades para aprender a utilizar herramientas tecnológicas.
- ◔ Usan medios tradicionales.
- ◔ El contacto con la tecnología se realiza a través de terceros.

 PARA SABER MÁS

Puedes conocer más datos sobre la cantidad de usuarios digitales que ha habido en 2025, tanto en España como en el mundo, así como el uso principal que se le ha dado a esta herramienta, leyendo el siguiente artículo:

https://redirectoronline.com/adgg040po0101

Además de estos perfiles, los llamados nativos digitales también se han ido desglosando y diversificando en diferentes tipos de usuarios ante las redes. Así, en función de su comportamiento en internet y del uso que hacen del mismo, se pueden diferenciar los siguientes **perfiles de nativos digitales:**

Dinámico
- Se trata de un usuario **muy participativo** e **hiperconectado.** Así, el usuario dinámico tiene un alto grado de proactividad digital: hace recomendaciones, deja opiniones, interactúa, etc.

Continúa en página siguiente >>

<< Viene de página anterior

Ansioso

- El ansioso destaca por ser un usuario **impaciente**. Quiere un servicio inmediato, en la manera y en el tiempo que él desea.

Superusuario

- Es el perfil **más social y digital de todos.** Es multidispositivo y multitarea. Este comportamiento hace que su capacidad de concentración sea limitada, por lo que para prestarle atención a los contenidos necesita que estos le generen un gran impacto.

Exigente

- Es muy estricto en las interacciones y destaca por no ser fiel a ninguna marca ni contenido en especial. Así pues, es un tipo de usuario que, antes de consumir nada en internet, compara entre muchas opciones y realiza infinidad de búsquedas.

Social

- Su interacción destaca, especialmente, en redes sociales, ya que es muy elevada. Este perfil suele ser **joven** e **impulsivo.** De este modo, le atraen las últimas tendencias, tanto en contenidos, noticias y aplicaciones como en moda, música o entretenimiento.

Móvil

- Es un perfil cuyas características son compartidas con otros; por ejemplo, es multitarea y tiene capacidad de concentración reducida. Pero destaca, especialmente, porque utiliza el móvil para todo, en cualquier contexto y circunstancia: para pedir comida, mientras está en un museo, para comparar opciones, etc.

NOTA

Los nativos digitales surgen de la mano de los *prosumer*.

Pero cuando hablamos de usuarios digitales, es imprescindible, también, hacer referencia a las denominadas **generaciones digitales.** Se pueden entender estas generaciones como una ampliación de los tipos de usuarios digitales.

De este modo, cada una de estas generaciones hace referencia a un grupo de usuarios nacidos en unas fechas concretas y que se diferencian entre ellas por la manera en la que se comportan en relación con las nuevas tecnologías.

Actualmente, se pueden diferenciar **seis generaciones digitales:**

- **La generación silenciosa (1925-1944):** los pertenecientes a esta generación digital hacen muy poco uso de la tecnología; de hecho, solo recurren a ella para estar en contacto con sus seres queridos. Normalmente, esta generación consume contenido a través de la televisión.
- ***Baby boomers*** **(1944-1965):** esta es la generación con más poder adquisitivo, aunque todavía están algo alejados de lo digital. A pesar de ello, el uso de internet va creciendo considerablemente entre ellos.
- **Generación X (1965-1980):** la generación X está compuesta por usuarios a los que les interesa vivir experiencias y tener una vida social activa junto a una vida saludable. Utilizan más las redes sociales y la tecnología que la generación anterior, pero sigue sin ser su medio principal.
- ***Millenials*** **(1980-2000):** los *millennials* son una generación en la que las experiencias se valoran por encima de cualquier otro bien material. Viven el momento y tienen un gran compromiso social, algo que esperan también de todo aquello que consumen en internet.
- **Generación Z (2000-2012):** estos usuarios pertenecen a la generación más diversa y multicultural. Además, tienen un pensamiento más global y un mayor compromiso social. Es la generación más relacionada con las redes sociales y los medios digitales.
- **Generación *alpha* (2012-actualidad):** esta generación está creciendo en un entorno donde los medios, herramientas y tecnologías digitales lo abarcan todo. Así, la realidad artificial y la realidad virtual moldeará sus actitudes, hábitos y habilidades cognitivas.

ACTIVIDAD COMPLEMENTARIA

1. Piensa en ti y en algún familiar o conocido cercano, con el que haya cierta diferencia de edad, para hacer una reflexión sobre los usuarios digitales y

Continúa en página siguiente >>

<< Viene de página anterior

las diferentes generaciones. Así, deberás explicar a qué tipo de usuario digital y a qué generación perteneces tú, así como la otra persona que hayas escogido. Deberás describir brevemente los hábitos de comunicación y de utilización de las tecnologías digitales. ¿Existen diferencias entre vosotros? ¿Seguís los patrones que se han expuesto anteriormente? ¿Notas diferencias notables entre tú y la otra persona?

3. ¿Qué es el perfil digital?

 HILO CONDUCTOR

Una vez que le han hablado de los usuarios digitales, a Manuela le explican que a lo largo del curso van a aprender a manejar diferentes áreas de internet, como las redes sociales, además de que van a saber cómo compartir contenido. Por eso, le recalcan que, a partir de ese momento, creará lo que se conoce como perfil digital. ¿Qué es eso? ¿Qué importancia tiene?

La importancia de las redes sociales, en particular, y las herramientas digitales, en general, hace que se cree, con ello, lo que se conoce como **perfil digital.** Un perfil digital surge con los usuarios digitales y es, ni más ni menos, **todo lo que una persona dice, hace o enseña en el medio digital, así como todo lo que se dice de ella.**

Actualmente, los perfiles digitales se crean, en mayor parte, gracias a las redes sociales y los perfiles que los usuarios crean en ellas. Así pues, todo el contenido compartido (tanto por uno mismo como por otros) ayuda a crear la llamada huella digital.

 **IMPORTANTE**

El perfil digital también recibe el nombre de **identidad digital** o **huella digital.**

Así, el perfil digital permite saber qué opina el usuario con respecto a ciertos temas, qué le gusta hacer en su tiempo libre, cuáles son sus gustos y aficiones, qué le gusta compartir, cuáles son sus amistades, etc.

 SABÍAS QUE...

Muchas empresas, hoy en día, buscan el perfil digital de los candidatos antes de contratarlos. De hecho, para algunas, el perfil digital es casi tan importante como el currículum vítae.

Con todo, el perfil digital o la identidad digital también presenta una serie de **características:**

- **Social:** la identidad social se construye a través de las redes sociales y del reconocimiento de los demás.
- **Subjetiva:** depende de cómo los demás perciban a ese usuario.
- **Valiosa:** las empresas y otras personas navegan concienzudamente en internet para averiguar la identidad digital de los usuarios y tomar decisiones en base a eso.
- **Indirecta:** no permite conocer directamente a la persona: se conocen las referencias que hay publicadas sobre ella.
- **Compuesta:** está compuesta por las aportaciones del propio usuario y de las otras personas.
- **Real:** esta identidad puede tener efectos tanto positivos como negativos en el mundo real.
- **Dinámica:** la identidad digital puede modificarse, pues está en constante cambio y evolución.

 **VÍDEO**

Puedes entender mejor el concepto de identidad digital y cómo esta se crea en la red, visualizando el siguiente vídeo:

https://redirectoronline.com/adgg040po0102

Tal y como has podido observar, el perfil digital es **dinámico** y está en **constante evolución.** Por eso, y debido a la importancia que este puede llegar a tener fuera del ámbito de las redes sociales, podemos seguir una serie de **consejos para cuidar nuestra identidad digital:**

- Responsabilidad a la hora de crear los perfiles de redes sociales: pensar qué datos se van a publicar.
- Configurar la seguridad y privacidad en los perfiles de redes sociales.
- Participar en la red de manera agradable y educada.
- Tomar medidas de seguridad durante la navegación en internet.
- Revisar periódicamente la identidad.
- Actuar cuanto antes si se detecta que alguien está dañando la identidad digital (suplantación, acoso, difamación...).

 APLICACIÓN PRÁCTICA

Rosa es una recién graduada en Derecho y ha decidido que próximamente empezará a buscar trabajo. Pero, antes de eso, se ha puesto a revisar sus redes sociales para borrar el contenido inadecuado que publicó hace años y se ha centrado en cuidar mejor su perfil digital en la red, por si pudiera tener consecuencias con las empresas. ¿Crees que podrá mejorar así su perfil digital o la identidad digital es siempre fija?

Continúa en página siguiente >>

<< *Viene de página anterior*

Solución

La identidad digital puede modificarse, pues está en constante cambio y evolución. El perfil digital de Rosa será el que haya decidido no borrar y el que mostrará a partir de ese momento.

 TAREA 1

María, Iker y Paula son tres primos. María nació en 1984 (tiene 41 años) y, a día de hoy, es enfermera. Iker nació en 1996 (tiene 29 años) y es periodista. Por su parte, Paula nació en 2010 (tiene 15 años) y es estudiante de secundaria.

Sabiendo esto, ¿podrías decir a qué tipo de usuario digital y a qué generación pertenece cada uno de ellos? ¿Cuáles son las características principales de su generación? Enumera tres situaciones en las que cada uno de ellos puede utilizar los medios digitales para resaltar las diferencias.

---

4. Resumen

Actualmente, debido a la importancia que han ido ganando los medios sociales, han aparecido los denominados **usuarios digitales;** usuarios que ya se relacionan en su día a día con estos medios y con estas tecnologías, las cuales muchos de ellos toman como principal fuente de información.

Así, existen tres tipos de usuarios digitales:

Nativos digitales   Inmigrantes digitales   Usuarios analógicos

Estos usuarios se pueden desglosar, a su vez, en diferentes generaciones digitales. Cada una de estas generaciones está formada por las personas que han nacido en determinados periodos y que, debido a eso, tienen una relación u otra con los medios digitales:

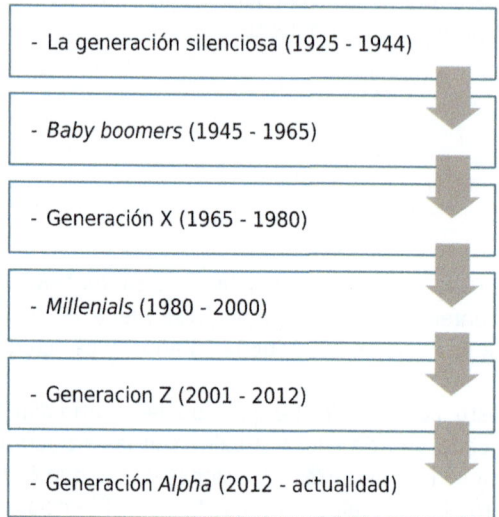

- La generación silenciosa (1925 - 1944)

- *Baby boomers* (1945 - 1965)

- Generación X (1965 - 1980)

- *Millenials* (1980 - 2000)

- Generacion Z (2001 - 2012)

- Generación *Alpha* (2012 - actualidad)

Por su parte, nace lo que se denomina **perfil digital** o **identidad digital**: toda aquella información que define a una persona y que se puede encontrar en la red, bien por lo que ella misma comparta o por lo que comparten otros en relación con ella.

Esta identidad digital está siendo muy valorada actualmente, por ello es importante seguir una serie de consejos para poder cuidarla:

- Responsabilidad a la hora de crear los perfiles de redes sociales: pensar qué datos se van a publicar.
- Configurar la seguridad y privacidad en los perfiles de redes sociales.
- Participar en la red de manera agradable y educada.
- Tomar medidas de seguridad durante la navegación en internet.
- Revisar periódicamente la identidad.
- Actuar cuanto antes si se detecta que alguien está dañando la identidad digital (suplantación, acoso, difamación...).

Ejercicios de autoevaluación
Unidad de Aprendizaje 1

1. Los usuarios digitales se clasifican según...

    a. ... su posibilidad de acceso a internet.
    b. ... su relación con la digitalización.
    c. ... las redes sociales que utilicen.
    d. ... las fuentes a las que recurren.

2. Relaciona cada característica con el tipo de usuario digital al que pertenecen: Nativos digitales – Inmigrantes digitales – Usuarios analógicos

    a. Nativos digitales
    b. Inmigrantes digitales
    c. Usuarios analógicos

    __ Se acercan a la tecnología de manera más lenta y progresiva.
    __ De los 26 a los 55 años.
    __ En permanente comunicación.
    __ Hasta los 25 años.
    __ Navegan sin límites.
    __ De 56 años en adelante.
    __ Alternan medios tradicionales con medios digitales.
    __ El contacto con la tecnología se realiza a través de terceros.
    __ Uso de medios tradicionales.

3. ¿De qué tipo de usuario surgen los nativos digitales?

    a. *Prosumer*
    b. *Consumer*
    c. *Millennials*
    d. *Boomers*

4. ¿Cómo se llama el usuario que quiere un servicio inmediato?

    a. Exigente
    b. Móvil
    c. Social
    d. Ansioso

5. Indica si la siguiente afirmación es verdadera o falsa: "El usuario digital dinámico destaca por su interacción, la cual es muy elevada, especialmente, en redes sociales".

   - Verdadero
   - Falso

6. Relaciona cada periodo con la generación digital a la que pertenecen:

   a. 1925-1944
   b. 1944-1965
   c. 1965-1980
   d. 1980-2000
   e. 2000-2012
   f. 2012-actualidad

   __ Generación X
   __ Generación *alpha*
   __ Generación Z
   __ *Millennials*
   __ La generación silenciosa
   __ *Baby boomers*

7. ¿Cuál es la generación digital con más poder adquisitivo?

   a. *Millennials.*
   b. La generación silenciosa.
   c. *Baby boomers.*
   d. Generación *alpha.*

8. ¿Qué otro nombre recibe el perfil digital?

   a. Identidad digital.
   b. CV digital.
   c. Huella digital.
   d. Las opciones a y c son correctas.

9. ¿Cómo se llama la característica de la identidad digital cuya definición es "depende de cómo los demás perciban a ese usuario"?

    a. Valiosa
    b. Subjetiva
    c. Compuesta
    d. Real

10. ¿Cuál de las siguientes opciones es un consejo para cuidar la identidad digital?

    a. Configurar la seguridad y privacidad en los perfiles de redes sociales.
    b. Participar en la red de manera agradable y educada.
    c. Revisar periódicamente la identidad.
    d. Todas las opciones son correctas.

Unidad de aprendizaje 2

Internet

Contenido

Objetivos

El objetivo general de esta Unidad de Aprendizaje es:

→ Conocer las principales funcionalidades de internet.

Los objetivos específicos de esta Unidad de Aprendizaje son:

→ Definir internet y su funcionamiento.

→ Especificar las virtualidades de internet.

→ Conocer las posibilidades del correo electrónico.

→ Utilizar la búsqueda de información en internet.

→ Definir el almacenamiento en la nube.

→ Sintetizar el concepto de *cloud computing*.

1. Introducción

Internet es la herramienta principal por la que surgen los perfiles digitales. Se ha convertido, de hecho, en la base de las comunicaciones hoy en día, tanto a nivel personal como a nivel profesional.

Sus múltiples aplicaciones, herramientas y servicios hacen de internet un espacio inigualable donde toda la información y todos los usuarios tienen cabida. Conocerlo, así como conocer todas las posibilidades que este ofrece, hace que sea mucho más sencillo utilizarlo y, sobre todo, sacarle partido.

Así, es importante conocer cómo funciona y cuáles son sus principales virtualidades. Esto permitirá saber que el correo electrónico, la búsqueda de información y el almacenamiento en la nube son partes indispensables del mismo.

El correo electrónico se erige como la principal herramienta de comunicación entre usuarios y la búsqueda de información es una de las primeras necesidades que se suple en el entramado de la red.

Teniendo esto en cuenta, es fácil entender cómo internet ha evolucionado de manera tan rápida como drástica para dar lugar a lo que se conoce como nube: un espacio de almacenamiento, de archivo de documentos y de trabajo en equipo que facilita enormemente las tareas que se llevan a cabo en este medio.

Para el desarrollo de esta unidad, nos centraremos en el caso de Manuela, una jubilada que ha decidido apuntarse a un curso de informática para aprender a manejar internet y utilizar las redes sociales. Hoy, se enfrenta a la segunda clase del curso.

2. Funcionamiento y principales virtualidades

 HILO CONDUCTOR

En la clase de hoy, a Manuela y a todos sus compañeros empiezan explicándoles qué es internet y cómo funciona. Esto les ayuda a entender mejor la rapidez del mismo, así como algunos datos con los que se encontrarán, como la IP. Pero no solo eso, sino que también les explican las diferentes virtualidades y posibilidades que ha traído consigo la evolución de internet.

Internet se puede definir, a grandes rasgos, como una red de ordenadores a nivel mundial que están unidos a través de conexión telefónica, cable u ondas, y gracias a ello y a la utilización de un protocolo común, pueden intercambiar información entre ellos. Así pues, el protocolo que rige el lenguaje de internet es el **TCP/IP.**

 DEFINICIÓN

Protocolo TCP/IP
Es el principal protocolo de comunicación en redes y aúna dos protocolos importantes:

- Protocolo de control de transmisión (TCP).
- Protocolo de internet (IP).

Es el que permite que un equipo (un ordenador) pueda comunicarse dentro de una red, ya que establece las reglas sobre cómo la información debe pasar a través de internet.

Se puede decir, por tanto, que la IP es el conjunto de números que distingue a una página web; actúa como el DNI en las personas humanas. Esta dirección IP está formada por **cuatro cifras** de números separados por puntos, cada uno de los cuales puede ir del 0 al 255.

 EJEMPLO

Un ejemplo de IP es: 172.16.4.205.

Así, cada página web tiene un número IP; pero para que sea más fácil de recordar para los usuarios, cada IP tiene un nombre de dominio asociado. Este dominio es el que permite acceder a ella mediante los navegadores web.

 **EJEMPLO**

Una IP podría ser 123.24.2.173 y su dominio www.ejemplo.com.

Teniendo claros estos conceptos, es el momento de entender cómo funciona internet y cómo se transmite la información a través del mismo. Se lleva a cabo el siguiente procedimiento:

1. Se escribe una dirección web en el navegador.
2. El ordenador envía una solicitud electrónica al proveedor de servicios de internet (ISP).
3. El ISP envía una solicitud a un servidor de nombre de dominio (DNS).
4. El DNS busca una coincidencia para el nombre de dominio que se ha escrito.
5. Si se encuentra esa coincidencia, se envía una solicitud a la dirección IP de un servidor web.
6. El servidor responde enviando el archivo solicitado en paquetes.
7. Los paquetes le ofrecen información al ordenador sobre cómo debe encajar la información.
8. Se crea la página web que se ve en pantalla.

NOTA

Este proceso es el mismo para toda la información que viaja a través de internet: desde las páginas web a los correos electrónicos.

2.1. Virtualidades en internet

Internet ha traído consigo un nuevo concepto: el de **virtualidad.** Este es un término que ya maneja toda la sociedad contemporánea y que se asocia directamente a toda acción que sea llevada a cabo en internet.

De este modo, podemos decir de la virtualidad que se **trata de un fenómeno tecnológico, el cual se centra en ofrecerle al usuario un nuevo modo de relación tanto temporal como espacial.** Este fenómeno nos permite **generar nuevas experiencias** que van más allá de la realidad física, pues son únicamente posibles en el ámbito virtual.

 **NOTA**

En este ámbito, las personas se comunican, interactúan e intercambian información.

De este modo, la virtualidad en internet nos permite visitar distintos espacios que de otra manera son imposibles, pues se eliminan las limitaciones físicas y temporales.

Es en esta virtualidad donde también se crean nuevos espacios de interacción entre usuarios.

Con todo, las virtualidades de internet les ofrecen a los usuarios diferentes posibilidades para disfrutar tanto de la tecnología como de la propia red. Estas posibilidades son:

- Romper con la realidad que se vive impuesta por las leyes físicas del tiempo y del espacio.
- Acceder a entornos simulados.
- Creación de nuevas relaciones sociales y formas de interacción.
- Comunicación instantánea.
- Educación *online*.
- Teletrabajo.
- Nuevas formas de negocio y de contratación.
- Nuevas plataformas educativas.
- Nuevas estrategias de publicidad.

Las posibilidades de la virtualidad en internet han evolucionado de tal manera que hoy en día podemos hablar, incluso, de **realidad virtual.**

 ## DEFINICIÓN

Realidad virtual
Es una simulación computarizada en la que se recrean escenas y objetos de apariencia real. Estas escenas y objetos se generan a través de la tecnología y permiten al usuario vivir nuevas experiencias.

ACTIVIDAD COMPLEMENTARIA

2. Pon un ejemplo de alguna de las posibilidades de las virtualidades de internet que se han nombrado anteriormente. ¿Por qué crees que es una nueva virtualidad? ¿Qué favorece esta posibilidad? ¿Te parece útil? ¿Crees que va a poder seguir evolucionando?

3. Correo electrónico

 ## HILO CONDUCTOR

Para entrar en materia y empezar ya con la utilización de internet, en la clase continúan explicando más en profundidad algunas herramientas del mismo. En esta ocasión, ha llegado el momento de hablar del correo electrónico: ¿qué es?, ¿cómo funciona?, ¿qué permite?

El nacimiento del correo electrónico se remonta al año 1965, cuando internet no se había inventado todavía. Pero, a pesar de la inexistencia de internet por aquel entonces, en esta fecha fue cuando tuvieron lugar los primeros intercambios de mensajes entre usuarios de redes privadas.

A partir de ese momento, internet se siguió desarrollando y fue finalmente en el año **1971** cuando **se creó el correo electrónico tal y como lo conocemos hoy en día.** Fue en ese año cuando se envió el primer *e-mail* de la historia.

Este *e-mail* se lo envió a sí mismo Ray Tomlinson.

| 1971 | Correo electrónico |

IMPORTANTE

El correo electrónico nació de la mano de *ARPAnet.*

Así, el correo electrónico se convirtió en una parte fundamental de la comunicación entre personas, tanto a nivel personal como a nivel profesional. Es más, hoy en día es una de las principales herramientas de internet.

El correo electrónico se envía, al igual que ocurre con el correo postal, a una dirección electrónica. Esta dirección se compone de dos partes fundamentales separadas por un símbolo:

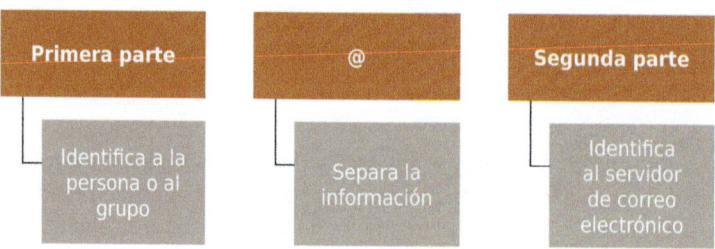

Primera parte	@	Segunda parte
Identifica a la persona o al grupo	Separa la información	Identifica al servidor de correo electrónico

EJEMPLO

En la dirección de correo electrónico holainternet@gmail.com, cada una de las partes son:

Continúa en página siguiente >>

<< Viene de página anterior

- holainternet: identificación de la persona o grupo.
- @: la separación. Este símbolo significa, también, en. Quiere decir usuario en servidor.
- gmail.com: el servidor de correo electrónico.

Los servidores de correo electrónico son las plataformas que ofrecen este servicio. Actualmente, las más conocidas y utilizadas son:

➲ *Gmail*
➲ *Hotmail*

Sin duda, el correo electrónico ofrece una serie de **ventajas:**

Rapidez
- El mensaje de correo electrónico se envía y llega rápidamente. Aunque esto no significa que el destinatario pueda leerlo inmediatamente.

Comunicación global
- Permite comunicarse con una gran cantidad de personas de cualquier parte del mundo y con multitud de intereses.

Gratuito
- La mayoría de proveedores de correo electrónico son gratuitos, por lo que no supone ningún gasto el crear una cuenta de correo electrónico y enviar mensajes, tantos como se deseen.

Intercambio flexible de información
- Permite tener una comunicación muy flexible, además de completa. En un correo electrónico se puede incluir tanto texto como imágenes y vídeos.

Accesible
- Se puede acceder al correo electrónico desde cualquier dispositivo y cualquier lugar, por lo que una cuenta de correo electrónico puede ser utilizada en todas las circunstancias.

Por último, es importante que conozcas cuáles son las **reglas en el uso del correo electrónico,** especialmente en lo que concierne a la redacción del mismo:

- ⮐ Evitar escribir mensajes completos en mayúsculas: son sinónimo de gritos.
- ⮐ Responder lo más pronto posible a un mensaje o avisar de que no se tiene tiempo y se responderá más tarde.
- ⮐ Evitar errores ortográficos y gramaticales. Se siguen las mismas normas que en la redacción habitual.
- ⮐ Saludar al principio del mensaje y despedirse al final.
- ⮐ Utilizar emoticonos únicamente en mensajes personales.
- ⮐ Utilizar un tono apropiado.
- ⮐ Escribir en un estilo simple.

 APLICACIÓN PRÁCTICA

Eva es una costurera de 55 años que ha decidido emprender y crear su propio negocio haciendo sus primeros diseños y encargos desde casa. Ha solicitado a un proveedor las primeras 50 telas y este le ha enviado un correo electrónico avisándola de que ya ha preparado el envío, pero necesita saber si quiere recibirlas en esta semana o la siguiente. Eva le contesta al correo de la siguiente manera: "JOSÉ LUIS, LAS NECESITO PARA ESTA SEMANA". ¿Ha incumplido alguna regla del uso del correo electrónico?

Solución

A la hora de redactar un correo electrónico, se debe evitar el uso de mayúsculas en todo el mensaje, pues estas son sinónimo de que se está gritando. Además, no importa cuán conciso sea el texto enviado: siempre se deben incluir fórmulas de saludo y despedida.

4. Búsqueda de la información

☞ HILO CONDUCTOR

Pero internet va más allá y a Manuela y a sus compañeros les explican que también es un medio muy interesante para buscar información. En internet podrán consultar todo lo que quieran y resolver así sus dudas y sus inquietudes. Se convertirá para ellos en la enciclopedia moderna. ¿Cómo es posible?

- -

Internet es, hoy en día, **una de las principales fuentes de búsqueda de información,** y es que la red se ha convertido en una gran enciclopedia que se va actualizando diariamente y donde tienen cabida todo tipo de contenidos.

De este modo, la búsqueda de información en internet se realiza a través de un **buscador web o motor de búsqueda.**

✎ DEFINICIÓN

Motor de búsqueda

Sistema informático que permite buscar todo tipo de información en la red, almacenándola en una gran base de datos. Permite buscar información de manera rápida y sencilla.

- -

Así, un buscador web le ofrece al usuario una gran cantidad de información relacionada con una palabra clave o término de búsqueda. Se entiende por **palabra clave** el término o términos que el usuario introduce en el buscador para encontrar la información deseada.

Motor de la búsqueda → Introducción de palabra clave → Aparición de todos los resultados relacionados

EJEMPLO

Si un usuario quiere buscar información sobre la Segunda Guerra Mundial, entonces introducirá *Segunda Guerra Mundial* en el buscador y le aparecerán una gran cantidad de resultados relacionados con ello.

Si quiere algo más específico, podrá buscar, por ejemplo, *inicio de la Segunda Guerra Mundial, aliados Segunda Guerra Mundial* o *consecuencias Segunda Guerra Mundial.* Cuanto más específico sea el término, más específicos serán también los resultados obtenidos.

PARA SABER MÁS

Puedes descubrir cómo buscar de manera profesional y específica en *Google* leyendo el siguiente artículo. En él, se recogen una serie de trucos muy interesantes para aprender a filtrar resultados en este buscador.

https://redirectoronline.com/adgg040po0201

Con todo, los buscadores se han convertido casi en el eje principal de cualquier actividad realizada en internet. Y es que prácticamente todos los usuarios acceden primero a un buscador para empezar a navegar por la red. Con ello, podemos señalar que existen diferentes buscadores y que, además, son diferentes entre diferentes países o zonas mundiales.

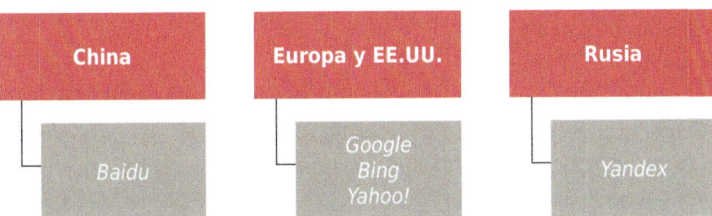

RECUERDA

Es importante saber cuál es el buscador principal en cada país, por ejemplo, para poder realizar acciones de *marketing* adecuadas o para conseguir la información que se necesita de manera más específica.

Cabe destacar que en internet también existe otro tipo de buscadores de información, que complementan a los anteriores, denominados **directorios.** Estos directorios se pueden definir como páginas web en las que se recopila un listado de empresas o profesionales relacionados con una temática para facilitarle la búsqueda al usuario. Son como los directorios telefónicos habituales, pero en la red.

NOTA

Los directorios ya no poseen el número de usuarios de sus inicios, pues están siendo reemplazados por los meros motores de búsqueda. Aun así, es interesante destacar que son unas páginas web muy interesantes a la hora de realizar acciones de *marketing,* como el posicionamiento.

Se pueden diferenciar **dos tipos:**

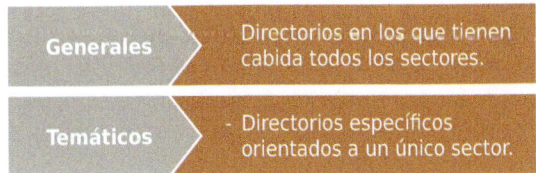

 **EJEMPLO**

El directorio más famoso es el de Páginas Amarillas, el cual siempre ha consistido en un libro físico en el que se recopilaban las empresas junto a sus datos de contacto, divididas por sectores y ciudades. A día de hoy, cuentan también con un directorio *online*.

 ACTIVIDAD COMPLEMENTARIA

3. Busca un ejemplo de un directorio *online*. ¿De qué se trata? ¿Es un directorio general o temático? ¿Es sencillo de utilizar? ¿Crees que es útil para los usuarios?

5. Almacenamiento

HILO CONDUCTOR

Internet, tal y como le explican a Manuela, también se ha convertido en un medio de almacenaje de información, datos y archivos. Así pues, le enseñan las diferentes herramientas para almacenar documentos y acceder a ellos desde cualquier lugar y en cualquier momento. ¿Cómo funciona?

El almacenamiento de datos hace referencia a un proceso en el cual la tecnología de la información e internet permiten archivar, organizar y compartir los datos que conforman los sistemas que se utilizan día a día. Desde las aplicaciones hasta el contenido multimedia o los documentos.

Así, con el avance de internet y de dichas tecnologías de la información, se ha creado lo que se conoce como **almacenamiento en la nube** *(cloud storage)*. Este es un modelo de almacenamiento que consiste en almacenar y administrar de forma remota los datos de un sistema. Es decir, se almacenan en la nube, siendo administrados por un proveedor del servicio.

Se pueden distinguir **tres tipos de almacenamiento en la nube:**

Público	- Los servicios de almacenamiento en la nube que son públicos permiten el acceso en línea de cualquier usuario que tenga autorización. Así, permite el almacenamiento de varias personas, con medidas de seguridad y espacios virtuales en los que cada usuario puede ver exclusivamente la información que le corresponde. Está alojado externamente. - Este es el caso, por ejemplo, de *Dropbox* o *Google Drive*.
Privado	- El almacenamiento privado está específicamente diseñado para cubrir las necesidades en exclusiva de una empresa o persona, siendo especialmente empleado por las primeras. Aquí, la empresa es quien tiene el control administrativo, pudiendo diseñar el sistema conforme a sus necesidades. - El almacenamiento en la nube privada puede estar presentado *on-premise* (en la propia oficina o casa) o alojado externamente.
Híbrido	- Los sistemas híbridos son aquellos que combinan el almacenamiento privado con el público. De este modo, los usuarios pueden personalizar las funciones y aplicaciones que mejor se adaptan a sus necesidades. Un ejemplo de este tipo de almacenamiento es aquel que permite almacenar en la nube privada los datos más importantes y en la nube pública datos menos relevantes a los que puede acceder un gran número de usuarios.

Las **ventajas** del almacenamiento en la nube son variadas:

- Es un sistema muy social.
- Permite la conciliación familiar, al ser accesible desde cualquier lugar.
- Mejora la seguridad de los documentos y archivos.
- No se estropea como ocurre con los elementos físicos.
- Los contenidos están siempre disponibles cuando se requieran.
- Facilita el trabajo en equipo.
- Permite tener en un único lugar todos los documentos.

Así pues, hoy en día, los **principales servicios de almacenamiento en la nube** que los usuarios podemos encontrar son:

- ⮑ **Dropbox:** es uno de los servicios más populares de almacenamiento en la nube. Este ofrece un plan gratuito y otro de pago para quienes necesiten más espacio. Es una opción muy interesante tanto para utilizar a nivel personal como a nivel profesional.
- ⮑ **Google Drive:** es el sistema de almacenamiento en la nube que ofrece *Google* y es uno de sus productos estrella. Tiene un gran espacio de almacenaje y permite archivar todo tipo de contenidos, además de crear y editar documentos en línea entre varios usuarios. Facilita de manera considerable el trabajo en equipo.
- ⮑ **OneDrive:** es el servicio de almacenamiento en la nube de *Microsoft*. Al igual que ocurre con el resto, cuenta con una versión gratuita y otra de pago, aunque la versión gratuita tiene una gran capacidad de almacenaje. Además, también permite compartir y editar archivos con la aplicación *Microsoft Office.*
- ⮑ **iCloud:** es uno de los más utilizados y conocidos, aunque solo está disponible para los usuarios de *Apple,* tanto para teléfonos móviles como para el ordenador. Es un sistema muy completo y permite compartir toda la información de los diferentes dispositivos *Apple* que haya vinculados.

6. *Cloud*

👉 HILO CONDUCTOR

Por último, les hablan de un término un poco más especializado, pero igual de importante en internet: el *cloud* o *cloud computing*. A Manuela y sus compañeros les enseñan las ventajas y posibilidades de estos elementos y cómo pueden aplicarlos en su día a día.

El **cloud computing** o *cloud* es el suministro de archivos o recursos a petición del usuario a través de una conexión a internet. Dicho de otra forma: ofrecer servicios a usuarios a través de la conectividad y gran escala de internet. Permite el acceso remoto a almacenamiento de archivos, *softwares,* etc., mediante internet.

NOTA

El *cloud computing* se traduce, en español, como computación en la nube.

- -

Así, este *cloud* ofrece tanto a empresas como usuarios la posibilidad de acceder a un amplio abanico de recursos de computación, seguros, con buen mantenimiento, de fácil acceso y de baja demanda. Algunos de estos recursos son:

Almacenamiento de datos	Aplicaciones	Servidores

IMPORTANTE

El *cloud computing* favorece la flexibilidad a la hora de acceder a datos y contenidos. No es necesario instalar aplicaciones locales en el ordenador.

- -

Con todo, el *cloud computing* ofrece una serie de **ventajas** muy interesantes, las cuales han favorecido a su rápido crecimiento y aceptación entre los usuarios:

- Mayor seguridad.
- Permite no depender del puesto físico de trabajo: es posible acceder a los documentos desde cualquier lugar y en cualquier momento.
- Ahorro en equipamiento y material.
- Ahorro en mantenimiento.
- Implementación rápida.
- Capacidad de personalización.
- Actualizaciones automáticas.

También es importante destacar que existen **tres tipos de** *cloud computing:*

- **SaaS (software como servicio):** *software as a service.* En este tipo de *cloud computing,* el usuario interactúa con el servicio mediante un usuario y una contraseña. Dicho servicio se puede utilizar a través de un navegador o de un medio similar, aunque él no tiene control sobre el *hardware* ni la plataforma.

Por ejemplo, es el caso de las plataformas para ver series o películas en *streaming.*

⮕ **PaaS (plataforma como servicio):** *platform as a service.* Aquí, se contrata un ambiente completo de desarrollo: es posible crear, modificar y optimizar los *softwares* y aplicaciones. Se trata de una herramienta perfecta para programar otras infraestructuras más complejas, y suele ser utilizado por el equipo de desarrollo de una gran empresa. Así, solo se encargarán de la programación de la aplicación; la administración y actualización del servicio son por parte del proveedor.

⮕ **IaaS (infraestructura como servicio):** *infrastructure as a service.* En este modelo, se alquilan todos los recursos de infraestructura (servidores, *routers, hardware)* y todas las herramientas necesarias para poder transmitir y almacenar datos. Por lo tanto, es un sistema que permite dotar a las empresas de una infraestructura completa para todos sus recursos. Es posible crear aquí una especie de intranet.

 ## APLICACIÓN PRÁCTICA

Arturo es un joven que ha contratado los servicios que ofrece la plataforma *Netflix* para poder ver sus series y películas favoritas en todo momento. ¿A qué tipo de *cloud computing* pertenece este servicio?

Solución

El servicio de *Netflix* pertenece a *SaaS,* dado que le ofrece un servicio al usuario al que accede a través de un usuario y una contraseña. Arturo solo se tiene que preocupar de acceder con sus credenciales y disfrutar del contenido que *Netflix* le ofrece. Se olvida de la programación, desarrollo, *hardware* y todo lo demás que hay detrás de dicha plataforma.

- -

TAREA 2

Jessica es la *community manager* de una multinacional encargada de la venta de ropa. Es una trabajadora que emplea internet en su día a día para dar a

Continúa en página siguiente >>

<< Viene de página anterior

conocer la empresa y para comunicarse tanto con compañeros como con otros usuarios externos a la empresa.

Así, en un día como hoy, Jessica está trabajando desde casa, se comunica con sus compañeros igualmente a través de herramientas de comunicación y realiza ciertas tareas en internet, como incluir a su empresa y la información de la misma en algunas plataformas en la red. Además, puede trabajar con diferentes documentos y archivos de manera remota, sin tenerlos en su propio ordenador.

Deberás explicar cómo cada una de estas acciones y tareas que lleva a cabo Jessica están relacionadas con todo lo explicado anteriormente: internet, virtualidades y otras herramientas. ¿Qué es lo que le permite a Jessica llevar a cabo cada una de las tareas nombradas?

7. Resumen

Internet tuvo gran acogida no solo por sus altas capacidades de comunicación, sino porque permite vivir diferentes virtualidades, las cuales van más allá del espacio físico y temporal.

Pero, además de eso, internet cuenta también con otra serie de herramientas que es importante conocer para disfrutar de este servicio y para poder sacarle el máximo partido. A grandes cuentas, estas herramientas y posibilidades son:

- ➲ Correo electrónico
- ➲ Búsqueda de información
- ➲ Almacenamiento en la nube
- ➲ *Cloud computing*

Cada una de ellas permite suplir una necesidad y experimentar nuevos métodos de comunicación, acceso a la información, almacenamiento de archivos e incluso de trabajo en equipo.

Ejercicios de autoevaluación
Unidad de Aprendizaje 2

1. ¿Cuál es el principal protocolo de comunicación?

    a. TCP/IP
    b. IP
    c. HTTP
    d. TCP

2. Ordena cronológicamente los pasos que se llevan a cabo para transmitir información a través de internet:

    __ El DNS busca una coincidencia para el nombre de dominio que se ha escrito.
    __ El ISP envía una solicitud a un servidor de nombre de dominio (DNS).
    __ El ordenador envía una solicitud electrónica al proveedor de servicios de internet (ISP).
    __ Si se encuentra esa coincidencia, se envía una solicitud a la dirección IP de un servidor web.
    __ Se escribe una dirección web en el navegador.
    __ Se crea la página web que se ve en pantalla.
    __ El servidor responde enviando el archivo solicitado en paquetes.
    __ Los paquetes le ofrecen información al ordenador sobre cómo debe encajar la información.

3. El término de virtualidad permite...

    a. ... generar nuevas experiencias.
    b. ... acceder a entornos simulados.
    c. ... comunicación instantánea.
    d. Todas las opciones son correctas.

4. ¿En qué año nació definitivamente el correo electrónico?

    a. 1969
    b. 2001
    c. 1971
    d. 1998

5. Indica si la siguiente afirmación es verdadera o falsa: "El correo electrónico nació de la mano de *ARPAnet*".

- ▪ Verdadero
- ▪ Falso

6. Relaciona con flechas cada buscador con el país o continente en el que es más utilizado:

    a. Europa
    b. Rusia
    c. China

    __ *Google*
    __ *Baidu*
    __ *Yandex*

7. ¿Cómo se llama un directorio específico orientado a un único sector?

    a. Temático
    b. Generalista
    c. Sectorial
    d. Específico

8. ¿Qué tipos de almacenamiento existen en la nube?

    a. Público y privado.
    b. General, temático y sectorial.
    c. Privado e híbrido.
    d. Público, privado e híbrido.

9. ¿Qué nombre recibe en inglés el almacenamiento en la nube?

    a. *Private storage*
    b. *Cloud storage*
    c. *Cloud computer*
    d. *Online storage*

10. Relaciona cada tipo de *cloud computing* con su significado:

    a. *Saas*
    b. *PaaS*
    c. *IaaS*

    __ Plataforma como servicio.
    __ *Software* como servicio.
    __ Infraestructura como servicio.

Unidad de aprendizaje 3

Introducción a la web 2.0: redes sociales

Contenido

Objetivos

El objetivo general de esta Unidad de Aprendizaje es:

→ Descubrir los componentes principales de la web 2.0.

Los objetivos específicos de esta Unidad de Aprendizaje son:

→ Dominar los tipos de redes sociales.

→ Explicar el funcionamiento y los tipos de blogs.

→ Detallar las acciones para proteger la información en redes sociales.

→ Definir la huella digital.

→ Conocer las ventajas de la presencia de las empresas en redes sociales.

1. Introducción

Las redes sociales son, quizás, el principal distintivo de internet. Y es que la globalización, las nuevas tecnologías de la comunicación y la web interactiva han confluido en estas redes para darles a los usuarios la oportunidad de compartir sus gustos y conocer a otras personas.

Así, a las redes sociales también se les suma la aparición de los blogs: plataformas en la red en las que se puede compartir contenido con formato de artículos o *posts*. Estos son, sin duda, grandes aliados del posicionamiento SEO.

Pero, eso sí, las redes sociales conllevan, a su vez, una gran responsabilidad: la de saber proteger la información que se comparte en ellas para evitar problemas, fraudes e incluso amenazas.

Del mismo modo, toda esta información compartida por los usuarios va creando una identidad; una identidad que se conoce como huella digital.

Por último, las redes sociales han evolucionado de tal forma, así como sus posibilidades y características, que se han convertido, también, en un escenario perfecto en el que las empresas pueden adentrarse para llevar a cabo sus estrategias de *marketing* digital.

Para el desarrollo de esta unidad, nos centraremos en el caso de Manuela, una jubilada que ha decidido apuntarse a un curso de informática para aprender a manejar internet y utilizar las redes sociales. En esta tercera clase del curso, se profundiza en las redes sociales.

2. Tipos: horizontes/verticales

 HILO CONDUCTOR

Hoy, a Manuela le hablan de las tan conocidas redes sociales; eso de lo que tanto hablan sus hijos e incluso algunos de sus nietos. ¿En qué consisten? ¿Por qué les gustan tanto? ¿Se pueden clasificar?

Las redes sociales son uno de los principales elementos de internet. Estas son plataformas en las que se reúnen, en un entorno virtual, un conjunto de personas que crean comunidades al tener cosas en común.

Así, estas redes sociales facilitan la comunicación entre las personas, el intercambio de información y la posibilidad de conocer gente nueva afín a ellas.

Las redes sociales se han convertido en el principal canal de comunicación para muchos usuarios.
(© Fotografía: miss.cabul / Shutterstock.com)

Con todo, las redes sociales se pueden clasificar en dos grandes tipos en función de la temática y el tipo de usuario que prima en cada una de ellas: horizontales o verticales.

2.1. Redes sociales horizontales

Las redes sociales horizontales son también las llamadas **generalistas.** Estas redes son aquellas que no tienen una temática específica, se mezcla contenido de todo tipo y son redes sociales más generales. Tampoco se distingue por tipo de usuario.

Se puede decir que, normalmente, el objetivo de este tipo de red social es el de contactar con más gente, por lo que estas redes se centran en relacionar a personas. Las **características** de las redes sociales horizontales son:

- ⮞ La conexión entre usuarios es más difusa.
- ⮞ Llegan a un público más amplio.
- ⮞ Permiten ampliar la lista de contactos.
- ⮞ Permiten compartir todo tipo de contenidos.

Las **principales redes sociales horizontales** son:

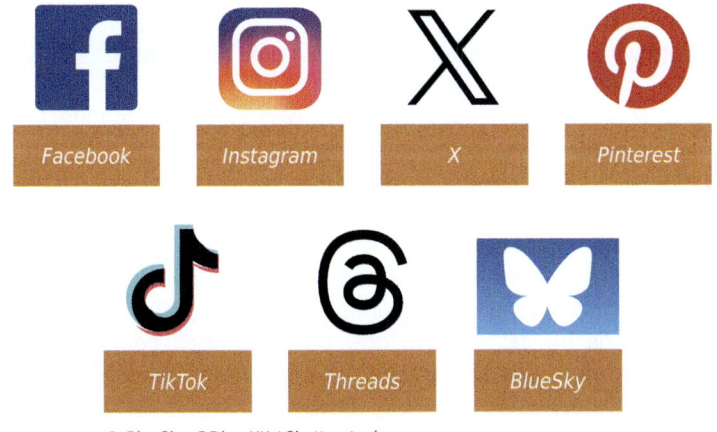

© BlueSky: DDimaXX / Shutterstock.com

2.2. Redes sociales verticales

Las redes sociales verticales son las **temáticas o especializadas.** Es decir, aquellas que están enfocadas a una **temática concreta,** de modo que los usuarios que se encuentran en ellas tienen ya un punto en común y el contenido que comparten versa sobre un mismo tema.

Así, el usuario de este tipo de red social tiene como objetivo encontrar información sobre un tema particular, compartiendo su experiencia y conociendo la de otros sobre el mismo.

NOTA

Existen tantas redes sociales especializadas como temas se puedan imaginar.

Especialmente, las redes sociales verticales se pueden diferenciar según tres aspectos:

- **Por temática:** las redes sociales verticales se pueden distinguir por temática; es decir, redes sociales que están orientadas a un ámbito o a otro. De este modo, las principales temáticas serían:

  - Profesionales: orientadas al ámbito laboral y a ampliar la red de contactos profesionales. Por ejemplo, *LinkedIn*.
  - Aficiones: orientadas a algunas actividades concretas de ocio y tiempo libre. Por ejemplo, *Strava*, una red social para compartir contenido deportivo.
  - Viajes: orientadas concretamente a los viajes, a la organización de los mismos y recomendaciones. Por ejemplo, *Minube*.
  - Otros temas: existen todo tipo de redes sociales temáticas. Por ejemplo, *Goodreads*, una red social para compartir contenido sobre lecturas.

- **Por actividad:** la actividad que se realiza en la propia red social también es determinante para realizar su distinción. Algunas de estas clasificaciones son:

  - Juegos: redes sociales en las que se congregan usuarios exclusivamente para jugar e intercambiar trucos con otros jugadores. Por ejemplo, *World of Warcraft*.
  - Geolocalización: redes sociales de georreferencia, las cuales permiten mostrar el posicionamiento a través de un restaurante o un monumento, por ejemplo. Una de estas redes sociales es *Foursquare*.
  - Marcadores sociales: redes sociales que permiten almacenar y clasificar enlaces para poder compartirlos luego con otros. Por ejemplo, *Delicious*.

- **Por contenido compartido:** en función del tipo de contenido que se comparte en una red social, se pueden diferenciar distintos tipos:

  - Fotografías: redes sociales cuyo contenido principal son las fotografías. Por ejemplo, *Flickr*.

○ Vídeos: redes sociales cuyo contenido son los vídeos. Por ejemplo, *YouTube*.

○ Música: redes sociales orientadas a compartir exclusivamente contenido musical. Por ejemplo, *Spotify*.

○ Documentos: redes sociales para compartir documentos con otros usuarios. Por ejemplo, *Scribd*.

 APLICACIÓN PRÁCTICA

Maite ha empezado a utilizar una red social exclusiva donde se comparten recetas culinarias. Así, elabora sus recetas y luego las comparte en dicha red social, a veces incluyendo fotografías o incluso vídeos. ¿Qué tipo de red social específicamente es?

Solución

Se trata de una red social vertical al ser específica y, concretamente, diferenciada por temática porque se centra en un tema único: las recetas de cocina.

---

3. Blogs

 HILO CONDUCTOR

Además, en el curso también les hablan de los denominados blogs. Estos son plataformas en internet que permiten crear un contenido extenso sobre diferentes temas. ¿Cómo funcionan? ¿Qué tipos existen? ¿Podría sacarle partido Manuela a algún blog?

3.1. Conceptos

Un blog es un sitio web en el que se publica contenido, de manera periódica, en forma de artículos. Estos artículos se van ordenando por fecha de publicación, por lo que el artículo más reciente aparece primero.

SABÍAS QUE...

Los artículos también reciben el nombre de *posts*.

- -

Fue en **1997** cuando Jorn Barger acuñó el término *weblog* (en plural, *weblogs)* para referirse, por primera vez, al hecho de anotar o registrar la web. Más adelante, en **1999,** Peter Merholz decide separar la palabra en *we blog,* por lo que a partir de ese momento se empieza a denominar **blog** a lo que conocemos ahora.

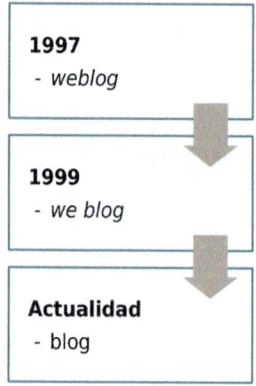

RECUERDA

Weblog se refería al registro web, por lo que el blog se entiende como un diario digital en el que se va registrando contenido cronológicamente.

- -

Así, aparecen **dos términos** relacionados con el mundo de los blogs:

- ⮌ *Blogging:* el hecho de "bloguear", escribir en un blog. Hace referencia a todo lo relacionado con los blogs.
- ⮌ *Blogger:* "bloguero". Persona que escribe en un blog.

Un blog es una de las principales herramientas en internet, y es que tiene una serie de **ventajas** que lo convierten en un medio a tener en cuenta:

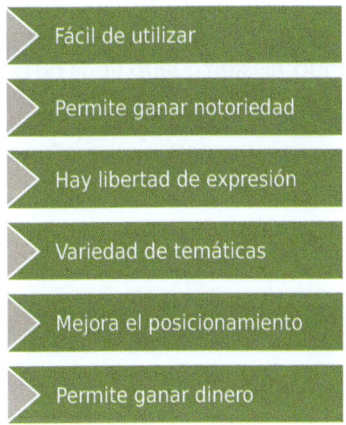

Fácil de utilizar

Permite ganar notoriedad

Hay libertad de expresión

Variedad de temáticas

Mejora el posicionamiento

Permite ganar dinero

 SABÍAS QUE...

Los blogs también deben cumplir con el Reglamento General de Protección de Datos (RGPD).

 VÍDEO

En el siguiente vídeo puedes observar, de manera resumida y visual, qué es un blog y para qué puede servir en internet.

https://redirectoronline.com/adgg040po0301

3.2. Tipos de blogs

Hoy en día, es posible diferenciar distintas tipologías de blogs, las cuales se clasifican, especialmente, en función de la temática y de los objetivos del mismo. De este modo, existen cuatro tipos de blogs principales:

- ⮥ Blog personal
- ⮥ Blog profesional
- ⮥ Blog corporativo
- ⮥ Blog de nicho o temático

Blog personal

El blog personal es el más común. Se trata de un blog que abre un usuario para contar temas personales, como experiencias de la zona en la que vive, situaciones del día a día, opiniones sobre ciertos temas, etc. Es, ni más ni menos, un diario personal.

Lo más importante en esta clase de blogs es conseguir lectores fieles para ir manteniendo la audiencia.

Las **ventajas de los blogs personales** son:

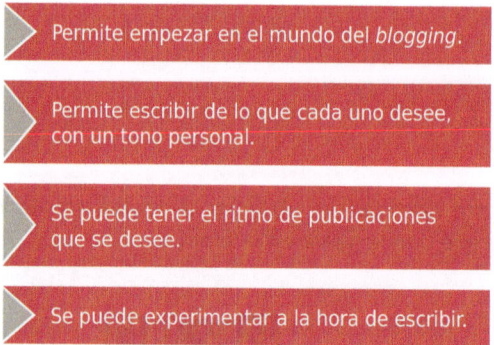

Permite empezar en el mundo del *blogging*.

Permite escribir de lo que cada uno desee, con un tono personal.

Se puede tener el ritmo de publicaciones que se desee.

Se puede experimentar a la hora de escribir.

Por su parte, las **desventajas** se resumen en:

- ⮥ No se suele ganar mucho dinero con este tipo de blogs.
- ⮥ Es más complicado conseguir visitas orgánicas.

Blog profesional

El blog profesional es ese tipo de blog que está enfocado a un determinado nicho de mercado y cuyo objetivo principal es el de conseguir nuevos clientes. Así, estos son blogs que elabora un usuario, pero evitando sus experiencias personales del día a día y centrándose en términos más profesionales.

Una característica principal de estos blogs es que, al final de cada artículo, se suele incluir una llamada a la acción. Esta llamada a la acción suele ir orientada a registrarse en el blog, a contactar directamente o a contratar un determinado servicio.

 **EJEMPLO**

Un ejemplo de blog profesional es el de José Facchin. Este es un experto en *marketing* (especialmente, *marketing* de contenidos) que ha creado un blog en el que habla sobre este sector, ofrece consejos y permite a los usuarios contratar sus servicios.

Así, las **ventajas** de los blogs profesionales son:

- Método perfecto para conseguir nuevos clientes.
- Puede convertirse en un medio para ganar dinero.

Por su parte, las **desventajas** son:

- Es necesario seguir un ritmo constante de publicaciones.
- Se debe tener un servicio o producto de calidad del que poder partir.

Blog corporativo

El blog corporativo es similar al profesional, pero orientado a las empresas, corporaciones, marcas, etc. De este modo, son blogs que crean las propias empresas para poder estar en comunicación con sus clientes, generando a través de los artículos una relación de confianza para fidelizarlos.

Del mismo modo, sirve para conseguir más clientes y, por consiguiente, aumentar las ventas.

 **EJEMPLO**

Un claro ejemplo de blog corporativo es el de Disney. La compañía ha creado un blog en el que ofrece contenido realizado con todo su universo, desde curiosidades de películas a consejos sobre los diferentes parques de atracciones. Es un blog que refleja muy bien la marca y que invita constantemente a la participación de los lectores.

Así, las **ventajas de un blog corporativo** son:

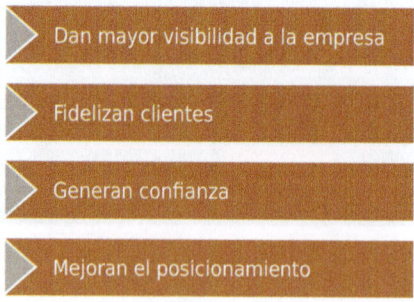

Dan mayor visibilidad a la empresa

Fidelizan clientes

Generan confianza

Mejoran el posicionamiento

Por otro lado, hay que señalar su principal **desventaja:** son blogs subjetivos.

Blog de nicho o temático

Estos blogs son aquellos que **se centran en una temática en concreto,** especializándose en ella. Es decir, blogs sobre música, deporte, autores, servicios, etc. Lo cierto es que, normalmente, este tipo de blogs busca lograr un posicionamiento en *Google* gracias a una palabra clave determinada.

Así, se pueden diferenciar dos tipos de blogs de nicho en función de la concreción del tema:

- **Micronicho:** especializado en un nicho muy concreto. Por ejemplo: zapatillas deportivas para fútbol sala para niño.
- **Macronicho:** un nicho más amplio y general. Por ejemplo: zapatillas.

 **EJEMPLO**

Un blog de nicho es el de El antepenúltimo mohicano; un blog centrado en el mundo del cine.

Las **ventajas de los blogs de nicho** son las siguientes:

- Cuando se posicionan, no es necesario mantener un alto ritmo de publicaciones.
- Permiten experimentar con técnicas de SEO.
- Se puede ganar dinero.
- Se puede conseguir una audiencia fiel.

Por su parte, las **desventajas** son:

- Son necesarios ciertos conocimientos sobre SEO.
- Se necesita un duro trabajo inicial, con un gran número de publicaciones.

 ACTIVIDAD COMPLEMENTARIA

4. Busca un ejemplo de cada uno de los tipos de blogs que se han nombrado anteriormente y justifica por qué crees que pertenecen a esa categoría.

3.3. Principales plataformas de blogs

Actualmente, muchas plantillas de páginas web permiten incluir una sección de blog para poder subir en ella todos los artículos que se deseen. Pero también es cierto que la mayoría de los blogs se escriben en ciertas plataformas ya predeterminadas que son muy conocidas actualmente.

WordPress

Es la principal herramienta para crear blogs actualmente; lo es, incluso, para diseñar páginas web. Así, tiene un funcionamiento muy sencillo, pues se puede hasta elegir y personalizar el dominio.

Ofrece las siguientes **ventajas:**

- Es fácil de utilizar.
- Es gratuita.
- Tiene atención al cliente.
- Dispone de una aplicación móvil.
- Permite realizar posicionamiento.

Blogger

Fue la primera plataforma que nació para la creación de blogs y pertenece a *Google*. Así, está orientada exclusivamente a albergar blogs y lo cierto es que es una herramienta muy sencilla e intuitiva. De hecho, para poder crear un blog aquí solo basta con tener una cuenta de *Gmail*.

Tiene las siguientes **ventajas:**

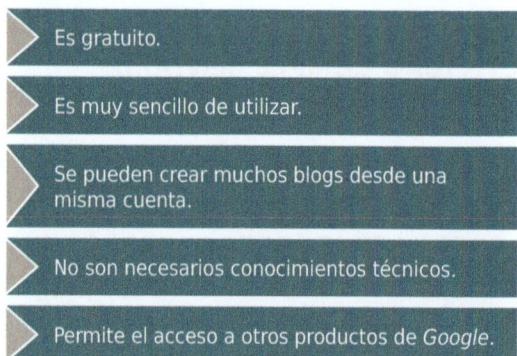

- Es gratuito.
- Es muy sencillo de utilizar.
- Se pueden crear muchos blogs desde una misma cuenta.
- No son necesarios conocimientos técnicos.
- Permite el acceso a otros productos de *Google*.

Tumblr

Tumblr es una plataforma en la que también tiene mucha importancia la parte visual *(gifs,* vídeos, imágenes...). Así, se puede describir como un tipo de blog más visual que textual, en el que reina el *microblogging.*

Aun así, lo cierto es que esta plataforma está más orientada a un nivel personal que profesional. Estas son sus **ventajas:**

- ⮑ Ofrece un contenido visual.
- ⮑ Es una plataforma muy original.
- ⮑ Se adapta a todos los dispositivos.
- ⮑ Su manejo es sencillo.
- ⮑ Se pueden crear diferentes blogs.
- ⮑ Cuenta con muchas plantillas.
- ⮑ Es gratuita.

4. Protección de la información

☞ HILO CONDUCTOR

Pero si hay algo en lo que le incidan especialmente a Manuela y a sus compañeros en cada una de las clases es en la importancia de proteger la información que se da en la red. ¿Qué peligros hay en internet? ¿Cómo se puede proteger la información para tener una experiencia segura navegando en la red?

Los usuarios encuentran en las redes sociales un medio en el que compartir información sobre sus gustos, *hobbies* e incluso sobre su vida privada. Así, es importante conocer qué se debe mostrar en las redes sociales y qué no, así como las **diferentes medidas de seguridad que se pueden tomar para proteger la información** compartida en cada uno de los perfiles sociales.

Y es que no tomar las precauciones adecuadas puede suponer una serie de riesgos y consecuencias:

- ⮑ *Ciberbullying:* es el acoso a través de las redes sociales.
- ⮑ *Phishing:* se trata de un fraude que utiliza correos electrónicos haciéndose pasar por compañías o empresas de confianza para solicitar las claves de acceso para entrar a una cuenta o perfil.

- ➲ **Violaciones de seguridad:** cuando se *hackean* los datos de algunos usuarios, especialmente en lo relacionado con las claves de los perfiles en redes sociales.
- ➲ **Mensajes de odio:** no llega a ser tan insistente como el *ciberbullying,* pero sí se pueden recibir mensajes de odio por parte de perfiles anónimos. Incluso se pueden recibir amenazas y acoso en la vida real.
- ➲ **Opiniones de entrevistadores:** hoy en día, muchos entrevistadores acceden a los perfiles de redes sociales para ver qué comparten sus candidatos y terminar de tomar una decisión.

 APLICACIÓN PRÁCTICA

Juan Antonio ha recibido un correo electrónico de su entidad bancaria solicitándole las claves de su cuenta de banca electrónica para realizar un trámite. Este les ha dado las claves, confiado, pero luego ha llamado a la entidad bancaria y le han confirmado que ellos no le han solicitado ningún tipo de información. ¿Qué tipo de delito ha sufrido Juan Antonio?

Solución

El *phishing* es un fraude que utiliza correos electrónicos haciéndose pasar por compañías o empresas de confianza para solicitar las claves de acceso para entrar a una cuenta o perfil.

- -

 EJEMPLO

Un claro ejemplo de no proteger bien la información que se comparte en redes sociales y compartir fotografías privadas, e incluso de la localización del hogar, es lo que les ocurrió recientemente a algunos futbolistas.

Fueron hasta 19 los futbolistas que sufrieron robos en sus hogares en un periodo de tiempo determinado. Los profesionales estimaron que estos robos se debieron a que dichos futbolistas compartían imágenes de sus viviendas, las localizaciones de las mismas o todos los objetos de valor que tienen en las mismas.

- -

De este modo, las recomendaciones para proteger la información en redes sociales se pueden resumir en las siguientes:

- Utilizar contraseñas seguras.
- Activar la verificación en dos pasos.
- No dejar iniciada la sesión en dispositivos ajenos.
- Tener especial cuidado con las redes wifi abiertas.
- No abrir archivos sospechosos.
- Proteger los datos personales e información privada que se comparte en redes.
- No agregar a cualquier persona.
- Pensar bien antes de compartir.
- Tener cuidado con las aplicaciones de terceros o externas.

5. Huella digital

 HILO CONDUCTOR

Y es que la información que se ofrece en internet, tal y como le cuentan a Manuela y a sus compañeros, no solo es importante protegerla para guardar la privacidad, sino porque también entra en juego lo que se conoce como huella digital. ¿Qué es este término?

La huella digital es un registro de información en internet, el cual identifica al usuario y lo individualiza. Es decir, se trata de todos los rastros que un usuario va dejando en cada una de sus acciones en la red.

 **NOTA**

Todo lo que se hace en internet va creando la huella digital, desde comentarios a imágenes compartidas en redes sociales o los correos electrónicos.

Se puede decir, por tanto, que la huella digital es la trayectoria de un usuario en internet.

RECUERDA

En internet, cada palabra que se emite queda registrada y puede jugar en contra del usuario en cualquier momento.

Así, algunos ámbitos en los que se deja rastro de la huella digital son:

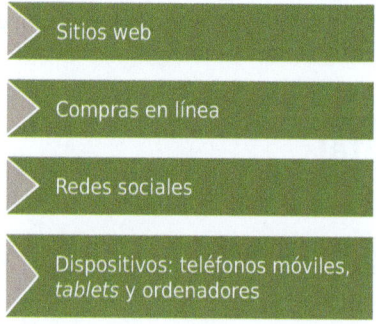

> Sitios web
>
> Compras en línea
>
> Redes sociales
>
> Dispositivos: teléfonos móviles, *tablets* y ordenadores

De este modo, la huella digital, ligada a la identidad digital, puede sufrir una serie de amenazas. Y es que dicha identidad digital es algo muy valorado, especialmente por los *hackers*.

Dichas **amenazas** son:

- ➲ **Suplantación de identidad:** usuarios que se hacen pasar por otros.
- ➲ **Fuga de datos:** la fuga de información tiene como fin dañar el prestigio de una persona o de una empresa.
- ➲ **Ataques de denegación de servicio *(DDoS):*** ciberataques a servidores de una empresa.

Para poder **proteger la huella digital** de un usuario y evitar estos ataques o, meramente, que la reputación de un usuario no se vea dañada, se puede hacer lo siguiente:

> Eliminar o desactivar cuentas viejas de redes sociales o en páginas webs.

Continúa en página siguiente >>

<< Viene de página anterior

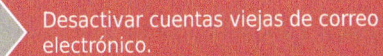

> Desactivar cuentas viejas de correo electrónico.

> Verificar la configuración de privacidad.

> Usar el derecho al olvido para eliminar datos inexactos o desactualizados.

 **IMPORTANTE**

Eliminar el rastro de internet es casi imposible, por eso siempre es recomendable controlar mucho mejor la información que se expone en la red.

6. Presencia de las empresas en la red

☞ HILO CONDUCTOR

Así, de manera resumida, en la clase de hoy les hablan también de la importancia que tienen las redes sociales para las empresas, pues es posible que navegando en internet se encuentren con perfiles de algunas empresas que conocen. ¿Por qué ellas también están aquí presentes?

Las redes sociales se han convertido, también, en un espacio en el que las empresas pueden llevar a cabo sus estrategias de *marketing*. Así, la presencia de las empresas en la red es cada vez más común y, de hecho, se puede decir que es casi necesaria.

Lo cierto es que trabajar la presencia de las empresas en redes sociales requiere mucho trabajo y esfuerzo, pero las **ventajas** que esto supone son dignas de valorar:

- ⊃ Incrementa el tráfico al sitio web.
- ⊃ Se puede llegar exactamente al *target* deseado.
- ⊃ Se recibe retroalimentación instantánea de clientes.
- ⊃ Se conoce mejor a los clientes.
- ⊃ Ayuda a la fidelización de clientes.
- ⊃ Mejora la reputación *online*.
- ⊃ Permite monitorizar resultados.
- ⊃ Se puede estudiar a la competencia.

Por tanto, las **redes sociales** en las que es muy interesante que una empresa tenga presencia son las siguientes. Lo cierto es que cada una de ellas es óptima para llegar a un tipo de público o para compartir un tipo de contenido concreto:

- ⊃ *Facebook:* esta sí es una red social en la que una empresa debe tener presencia de manera, prácticamente, obligatoria, pues cuenta con una gran cantidad de usuarios activos y, además, permite crear lo que se denomina *fanpage*.
  Con ella, se puede entablar una relación de comunicación más directa con los clientes, monitoreando la actividad y los resultados obtenidos.
- ⊃ *Instagram:* es una red social con mucho impacto actualmente y que está creciendo de manera exponencial. Esta red es perfecta para compartir fotografías o vídeos; es decir, para compartir un contenido audiovisual que genere impacto en los usuarios y se animen a interactuar con la empresa.
- ⊃ *LinkedIn:* es la red social profesional por excelencia. Si la empresa quiere conseguir nuevos contactos en el mundo profesional y entablar conversaciones con compañeros de profesión o de sector, entonces debe tener perfil aquí.
  El tono es mucho más serio y comedido. Esta red social puede servir incluso para los procesos de selección de nuevos empleados.
- ⊃ *X:* es una red muy interesante porque tiene una gran cantidad de usuarios activos que están comentando, en tiempo real, todo lo que sucede a su alrededor y en la sociedad. Para las empresas, se ha convertido en una red social perfecta para ofrecer a los usuarios un nuevo canal de atención al cliente.
  Se define como la principal red de *microblogging*.
- ⊃ *Google My Business:* es la ficha de la empresa que aparece en Google. No es una red social como tal, pero sí es interesante mantenerla activa, invitando a los clientes a escribir reseñas, a compartir fotografías, etc.

Además, desde hace un tiempo, es posible crear aquí también publicaciones para promocionar ofertas, servicios, productos...

● *YouTube:* es una red social muy interesante para compartir vídeos de la empresa, de los trabajadores o del sector. Además, sirve para posicionar en la red, ya que también se pueden trabajar las palabras clave.

● *Pinterest:* es una red social muy utilizada, pero lo cierto es que no todas las empresas consiguen sacarle el máximo partido. Aquí, se pueden compartir fotografías relacionadas con la empresa o incluso de inspiración para los usuarios.

● *TikTok:* se trata de una red social muy dinámica que tiene una alta popularidad y que, además, ofrece diferentes opciones de lo más interesantes para empresas: desde la posibilidad de crear diferentes tipos de anuncios a innovar con los contenidos.

● *Threads:* se trata de una red social cada vez más aceptada y que puede ofrecer un espacio interesante para las empresas, sobre todo para aquellas que quieren compartir un contenido más orientado al texto.

IMPORTANTE

Cada empresa debe valorar los pros y los contras de cada red social y decidir en cuáles quiere tener presencia. No es obligatorio contar con un perfil en todas las redes sociales anteriores, sino en aquellas que verdaderamente son interesantes y adecuadas para llevar a cabo la estrategia de *marketing*.

- -

TAREA 3

Lucas es el *community manager* de un centro de estética en el que se llevan a cabo servicios de limpieza de cutis, maquillajes y otros tratamientos de belleza, tanto corporales como faciales.

Deberás actuar como si fueras Lucas y explicar en qué redes sociales sería interesante que tuviera presencia la empresa, por qué justamente en esas, qué tipo de red social es cada una y qué tipo de blog puede crear. ¿Por qué es interesante que tenga blog? ¿Sobre qué podría escribir?

- -

7. Resumen

Las redes sociales son una de las principales herramientas que ofrece internet para la comunicación entre usuarios. Así, estas redes sociales se pueden diferenciar entre horizontales y verticales.

Por su parte, en la red también se pueden encontrar una gran cantidad de blogs, tanto personales como profesionales, en los cuales se comparte contenido en lo que se denominan artículos o *posts*. Estos blogs se pueden dividir en cuatro categorías:

En cualquier caso, la información que se comparte en internet, tanto en blogs como en redes sociales, es importante que se cuide y se proteja, valorando muy bien qué es lo que se comparte y lo que no. De lo contrario, se pueden sufrir una serie de riesgos:

- *Ciberbullying*
- *Phishing*
- Violaciones de seguridad
- Mensajes de odio
- Opiniones de entrevistadores

Así pues, cada uno de los pasos que un usuario da en internet, ya sea a través de contenido que comparte, páginas webs que visita o compras que hace, va creando un registro que se conoce como **huella digital.**

Pero no solo eso, pues las redes no son solo un lugar apto para los usuarios a nivel individual y personal. Y es que las empresas también han encontrado, de un tiempo a esta parte, las virtudes y ventajas que las redes sociales pueden ofrecerles para implementar sus estrategias de *marketing* digital y poder estar en contacto de manera más directa con sus clientes.

En definitiva, las empresas deben tener presencia en algunas redes sociales porque:

- Incrementa el tráfico al sitio web.
- Se puede llegar exactamente al *target* deseado.
- Se recibe retroalimentación instantánea de clientes.
- Se conoce mejor a los clientes.

- Ayuda a la fidelización de clientes.
- Mejora la reputación *online*.
- Permite monitorizar resultados.
- Se puede estudiar a la competencia.

Ejercicios de autoevaluación
Unidad de Aprendizaje 3

1. Las redes sociales son plataformas en las que se reúnen, en _____, un conjunto de personas que crean comunidades al tener cosas en común.

    a. un entorno físico
    b. un entorno tecnológico
    c. un entorno virtual
    d. un entorno digital

2. ¿A qué tipo pertenecen las redes sociales generalistas?

    a. Verticales
    b. Horizontales
    c. Temáticas
    d. De actividad

3. Las redes sociales verticales se pueden diferenciar por...

    a. ... temática.
    b. ... actividad.
    c. ... contenido compartido.
    d. Todas las opciones son correctas.

4. Indica si la siguiente afirmación es verdadera o falsa: "*Weblog* se refería al registro diario, por lo que el blog se entiende como un diario digital en el que se va registrando contenido cronológicamente".

    ■ Verdadero
    ■ Falso

5. Relaciona los tipos de blog con su definición:

    a. Blog personal
    b. Blog profesional
    c. Blog corporativo
    d. Blog de nicho o temático

— Blog que abre un usuario para contar temas personales.
— Blogs que crean las propias empresas para poder estar en comunicación con sus clientes.
— Blogs que se centran en una temática en concreto, especializándose en ella.
— Blog que abre un usuario, centrándose en términos profesionales, enfocado a un determinado nicho de mercado y cuyo objetivo principal es el de conseguir nuevos clientes.

6. ¿Cuál de las siguientes es una de las principales plataformas de blogs?

    a. *PrestaShop*
    b. *Wix*
    c. *WordPress*
    d. *1and1*

7. Indica si la siguiente afirmación es verdadera o falsa: "No es obligatorio que los blogs cumplan con el Reglamento General de Protección de Datos".

    ■ Verdadero
    ■ Falso

8. ¿Cuál de las siguientes es una recomendación para proteger la información en redes sociales?

    a. Activar la verificación en dos pasos.
    b. Utilizar una contraseña fácil de recordar.
    c. No agregar a cualquier persona.
    d. Las opciones a y c son correctas.

9. La huella digital...

    a. ... puede jugar en contra del usuario en cualquier momento.
    b. ... desaparece al borrar una cuenta de correo electrónico antigua.
    c. ... no se puede modificar en ningún momento.
    d. ... es uno de los aspectos que todos los reclutadores tienen en cuenta.

10. ¿Cuál es la principal red social de *microblogging?*

   a. *X*
   b. *Facebook*
   c. *Instagram*
   d. *Pinterest*

Dispositivos

Contenido

1. Introducción
2. La tecnología como medio de mejora competencial en el entorno laboral
3. Identificación de soluciones tecnológicas a disposición del profesional y tendencias
4. Dispositivos en el mercado: *smartphones,* PDA, *tablets,* etc.
5. Selección de las más apropiadas en función del tipo de actividad
6. Funcionamiento básico
7. Aplicaciones
8. Soluciones de impresión
9. Resumen

Objetivos

El objetivo general de esta Unidad de Aprendizaje es:

→ Identificar los principales dispositivos tecnológicos que se pueden utilizar hoy en día.

Los objetivos específicos de esta Unidad de Aprendizaje son:

→ Enumerar las ventajas de los dispositivos tecnológicos.

→ Resumir las principales tendencias tecnológicas.

→ Identificar los dispositivos tecnológicos en el mercado.

→ Determinar el funcionamiento básico de los dispositivos.

→ Definir las aplicaciones móviles.

→ Identificar los principales ámbitos de aplicación de la tecnología en la actualidad.

→ Sintetizar las soluciones de impresión.

1. Introducción

La tecnología no solo se ha instaurado en la sociedad a modo de navegación en internet, sino que también ha irrumpido considerablemente gracias a la creación de diferentes dispositivos tecnológicos.

Estos dispositivos tecnológicos han ido evolucionando rápidamente, mejorando funcionalidades o creando nuevos más adaptados a las necesidades de la sociedad y de los usuarios que la componen.

De este modo, los dispositivos tecnológicos más comunes permiten dar respuestas en diferentes ámbitos y facilitar el trabajo que se lleva a cabo. La conexión a internet, la interactividad y la comunicación son elementos indispensables que caracterizan a dichos dispositivos.

Para el desarrollo de esta unidad, seguimos con el caso de Manuela que, para terminar su formación, le van a hablar de los dispositivos que tiene disponibles y que puede utilizar, tanto a nivel personal como a nivel profesional.

2. La tecnología como medio de mejora competencial en el entorno laboral

☞ HILO CONDUCTOR

En la primera explicación de esta parte del curso, a Manuela le explican la importancia que tiene la tecnología hoy en día para conseguir una diferenciación competencial en el mundo laboral. Esta importancia se puede aplicar tanto a las empresas como a los propios profesionales.

La tecnología es, hoy en día, una nueva herramienta en las empresas para poder mejorar sus resultados y sus competencias en el mundo laboral. De este modo, los dispositivos tecnológicos se han convertido en el perfecto aliado de todo tipo de empresas, ya que estos permiten conseguir grandes beneficios tanto para el negocio como tal, como para los clientes.

Así, la tecnología es un medio que permite mejorar sustancialmente la competencia en el entorno laboral. En definitiva, las **ventajas de la tecnología en las empresas** son varias:

Aumento de la productividad

- La tecnología y los dispositivos tecnológicos en las empresas permiten simplificar las tareas que llevan a cabo los trabajadores, además de ofrecerles nuevas herramientas de trabajo con las que puedan desempeñar mejor sus labores. Todo ello favorece el aumento de la productividad.

Automatización del flujo de trabajo

- Muchos dispositivos tecnológicos permiten automatizar los flujos de trabajo, de modo que se ahorra tiempo y se reducen los errores.

Mejora la atención al cliente

- La tecnología y las nuevas herramientas digitales en empresas permiten, por ejemplo, tener en un mismo *software* o dispositivo toda la información relativa a un cliente. De este modo, se puede acceder a dicha información en cualquier momento, haciendo así que a la hora de atender a un cliente se le pueda dar un trato conciso y eficaz desde el inicio.

Favorece la comunicación y la colaboración del equipo

- Esta tecnología en el entorno laboral es muy interesante también para los equipos de trabajo. Y es que estas permiten mejorar y facilitar la comunicación entre los componentes de una empresa, mejorando, a su vez, la colaboración de los mismos.

Reducción de costes

- Las innovaciones tecnológicas les permiten a las empresas reducir costes, ya que se automatizan los flujos de trabajo y se optimiza el tiempo y los recursos destinados a cada tarea.

Diferenciación de la competencia

- Sin duda, contar con dispositivos tecnológicos que permitan mejorar el trabajo de la empresa, así como la atención al cliente, hace que, irremediablemente, se consiga una diferenciación significativa de la competencia.

NOTA

Para los trabajadores y usuarios también es importante tener la capacidad de desenvolverse con ciertas herramientas tecnológicas para poder adaptarse adecuadamente a este nuevo entorno laboral.

3. Identificación de soluciones tecnológicas a disposición del profesional y tendencias

HILO CONDUCTOR

A continuación, a Manuela y a sus compañeros les explican lo necesario que es identificar las principales soluciones tecnológicas y conocer las tendencias que habrá en este ámbito. Esto les permitirá conocer mejor cómo han irrumpido dichos dispositivos en todos los sectores que hoy conocen.

Lo cierto es que aunque haya soluciones tecnológicas generales, cada sector laboral necesita algunas más específicas que se adapten adecuadamente a sus tareas habituales. Es por ello por lo que es imprescindible identificar cuáles son las necesidades de cada sector para poder ofrecer una solución tecnológica acorde a ellas. Estas permitirán mejorar flujos de trabajo, ahorrar costes y crear, en definitiva, una empresa mucho más competitiva.

RECUERDA

Es necesario tener en cuenta cuál es el sector en el que se desenvuelve cada profesional o empresa para poder detectar las soluciones tecnológicas más óptimas. Es decir, cada actividad requiere de unos u otros dispositivos, a pesar de que siempre existan algunos que se pueden aplicar a cualquier sector.

En general, podemos diferenciar los siguientes **sectores** en los que se pueden necesitar soluciones tecnológicas de todo tipo:

 **EJEMPLO**

Un establecimiento de ropa y un restaurante no van a necesitar exactamente los mismos dispositivos. Si bien es cierto que hay algunas soluciones tecnológicas que sí son generales, como la caja o un TPV para el pago con tarjeta, hay otros que son más específicos. Por ejemplo, un restaurante necesitará una *tablet* o una PDA para poder tomar las comandas. Por su parte, la tienda necesitará un lector de código de barras para poder crear el *ticket* de compra.

Con todo, existen una serie de tendencias en el ámbito de las soluciones tecnológicas que se van a instaurar en el mundo laboral y que se van a convertir en grandes progresos en cuanto a unión de tecnología y empresas se refiere.

Así, las **principales tendencias en tecnología** van a ser:

- **Plataformas *low-code*:** estas son plataformas que permiten el desarrollo de aplicaciones de manera rápida y sencilla. Con ello, se logra reducir considerablemente el trabajo manual de programación. Es decir, se pueden desarrollar aplicaciones móviles y web de forma más ágil.
- **Multiexperiencia:** los clientes también evolucionan y estos también necesitan encontrarse con nuevas experiencias. Así, la tecnología permite crear una multiexperiencia, ofreciendo a estos clientes un valor añadido y una mejor experiencia de usuario.
- **Inteligencia artificial (IA):** la inteligencia artificial ha llegado para quedarse; también, en las empresas. Así, este nuevo tipo de tecnología permitirá un amplio abanico de posibilidades para el desarrollo de todo tipo de dispositivos y experiencias con el cliente.

- **Integración en la nube:** la principal tendencia en el ámbito tecnológico en las empresas es la importancia de la nube. Cada vez más, los *softwares* y contenidos se van a almacenar en la nube para poder acceder a ellos desde cualquier parte y poder empezar a instaurar nuevos modelos de trabajo (como el teletrabajo).
- **XaaS *(anything as a service):*** este nuevo concepto, que hace referencia a *todo como servicio,* es un sistema de asistencia para aquellas empresas que necesitan soluciones en diversas áreas, desde almacenamiento hasta *software.*
- **Hiperautomatización:** la hiperautomatización va a llegar a prácticamente cualquier empresa con el claro objetivo de lograr optimizar la eficiencia de todos los ámbitos de la misma (funcionamiento, almacenamiento y servicios al cliente).

 ## ACTIVIDAD COMPLEMENTARIA

5. Escoge un negocio o empresa de ejemplo y especifica cuáles son las soluciones tecnológicas y dispositivos que utilizan para realizar su trabajo por completo.

4. Dispositivos en el mercado: *smartphones,* PDA, *tablets,* etc.

☞ HILO CONDUCTOR

Una vez que han interiorizado la gran importancia que tiene la tecnología en el ámbito profesional, llega el momento de identificar los principales dispositivos tecnológicos que se pueden encontrar en el mercado. ¿Cuáles hay? ¿Conocen alguno de ellos? ¿Los utilizan?

Hoy en día, son muchos los dispositivos que se pueden encontrar en el mercado. Y es que, desde que la tecnología se instauró en la sociedad, estos dispositivos han ido evolucionando y adaptándose a las necesidades de los usuarios.

Así, se pueden encontrar ya dispositivos "inteligentes", que permiten aunar en ellos una gran cantidad de tareas y acciones para facilitar el día a día de las personas. Es el caso, por ejemplo, de los *smartphones:* teléfonos móviles que sirven para mucho más que llamar y enviar mensajes.

SABÍAS QUE...

Según un estudio del Instituto Nacional de Estadística (INE), en España el 99,8 % de los hogares cuenta con algún tipo de teléfono (fijo y/o móvil), y el 83 % dispone de algún tipo de ordenador (de sobremesa, portátil, *tablet,* etc.). Además, el 96,8 % de los hogares españoles dispone de acceso a Internet por banda ancha fija y/o móvil.

En definitiva, los principales dispositivos en el mercado que se pueden encontrar para utilizar a nivel individual e incluso en las empresas o negocios son:

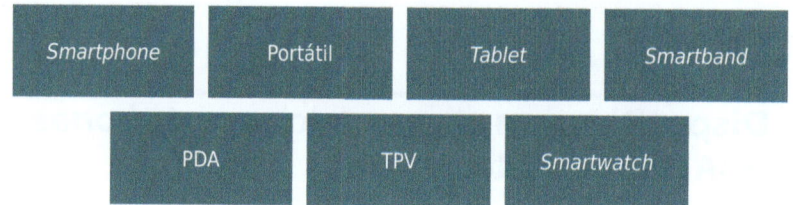

NOTA

Estos dispositivos se han convertido, prácticamente, en una parte fundamental de la sociedad. En mayor o menor medida, todos los ciudadanos hacen uso de ellos.

5. Selección de las más apropiadas en función del tipo de actividad

 HILO CONDUCTOR

Cuando les han explicado los diferentes dispositivos tecnológicos con los que se pueden encontrar, a Manuela y a sus compañeros les cuentan cómo pueden detectar y seleccionar las soluciones más adecuadas en función del tipo de actividad que se quiere realizar.

Los dispositivos tecnológicos que hay en el mercado se pueden utilizar a nivel personal para, prácticamente, cualquier actividad, y a nivel profesional, para dar solución a diferentes necesidades que pueden surgir según el ámbito laboral.

En este sentido, es necesario tener en cuenta cuáles son las necesidades y recursos que necesita una profesión para poder escoger las herramientas más apropiadas para tal uso.

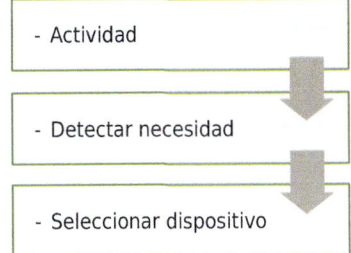

 **RECUERDA**

Escoger las herramientas adecuadas para desempeñar una función laboral puede optimizar tanto el tiempo de trabajo como la productividad y los resultados obtenidos.

Por lo tanto, a la hora de seleccionar un dispositivo u otro **hay que valorar lo siguiente:**

- ⮞ ¿Cuál es la actividad principal del negocio?
- ⮞ ¿Qué función debe cumplir el dispositivo?
- ⮞ ¿El dispositivo va a ser primordial o de apoyo?
- ⮞ ¿Debe ser portátil?
- ⮞ ¿Qué tamaño es el más adecuado?

La respuesta a estas preguntas ayudará a definir cuál es la herramienta más interesante para cada caso.

NOTA

Hay que tener en cuenta que no va a necesitar el mismo dispositivo un camarero que se mueve constantemente por un recinto y debe tomar nota en todo momento que una secretaria cuya jornada laboral la pasa, principalmente, en un mismo escritorio.

6. Funcionamiento básico

☞ HILO CONDUCTOR

A continuación, en el curso les hacen un breve resumen de cuál es el funcionamiento básico de cada uno de estos dispositivos y cómo se pueden aplicar en diferentes sectores laborales. ¿Cuántos dispositivos han visto en su día a día y no se habían dado cuenta de la importancia que tenían en una empresa en particular?

Teniendo en cuenta cuáles son los principales dispositivos tecnológicos que se pueden encontrar en el mercado, tanto para uso personal como para uso individual, es momento de entender cuál es el funcionamiento básico de cada uno de ellos.

Los dispositivos tecnológicos actuales se adaptan a las necesidades de comunicación y movilidad que necesitan los usuarios.

RECUERDA

Un funcionamiento relativamente sencillo e intuitivo de estos dispositivos permitirá optimizar tanto el uso del mismo como el trabajo en sí.

De este modo, se puede expresar el **funcionamiento básico** de cada uno de los principales dispositivos en el mercado de la siguiente forma:

- *Smartphone:* es el actual teléfono móvil inteligente. Este es un teléfono móvil muy completo, el cual sirve para llamar, enviar mensajes e instalar múltiples aplicaciones que lo convierten en un dispositivo muy funcional y completo. Hoy en día, el móvil se utiliza en prácticamente cualquier ámbito profesional, pues permite estar en contacto con compañeros, proveedores u otros, y acceder a la información necesaria de un negocio desde cualquier lugar.
- **Portátil:** es el ordenador que ha desbancado, casi, a los ordenadores de sobremesa. Así, como ocurre con los teléfonos móviles, el ordenador portátil permite ser llevado y utilizado en cualquier lugar, por lo que es prácticamente imprescindible contar con uno si se quiere trabajar adecuadamente.
Así, gracias a él, se tiene acceso a internet, a aplicaciones web, al correo electrónico y a diferentes programas de edición de texto, imágenes o vídeo, por ejemplo. Se necesita prácticamente en cualquier sector.
En una tienda o en un restaurante, el ordenador portátil sirve para llevar, por ejemplo, la contabilidad o realizar los cuadrantes de los turnos de los trabajadores.

⊃ **Tablet:** es una versión reducida de un ordenador portátil. Este es un dispositivo mucho más ligero y fácil de transportar, con prácticamente las mismas funcionalidades que un portátil. Así, se convierte en el mejor aliado para aquellos trabajos en los que se necesite desplazarse continuamente o se necesite tomar nota rápida en todo momento.

Por lo tanto, una *tablet* es perfecta para ser utilizada en restaurantes, pues les puede servir a los camareros para tomar nota de las comandas en ella.

⊃ **PDA:** una PDA *(personal digital assistant)* es un ordenador de mano y es un dispositivo muy interesante, porque se puede utilizar como teléfono móvil, fax, GPS, para tomar notas... Tiene una pantalla pequeña y un teclado (que puede ser táctil o físico y estar incorporado en el propio dispositivo).

Así, suele utilizarse mucho también en restaurantes para tomar nota de las comandas de los clientes. Es interesante que la PDA esté conectada con alguna impresora en la cocina de dicho restaurante para que envíen a imprimir cada comanda y así los cocineros las vean directamente. Ayuda mucho en la optimización del flujo del trabajo en restaurantes y negocios similares.

⊃ **TPV:** un TPV (terminal punto de venta) es un dispositivo que se utiliza en los establecimientos para realizar gestiones de venta. Es el dispositivo que se utiliza para permitir el pago con tarjeta a los clientes.

Así pues, este dispositivo debe estar disponible en todas aquellas empresas y negocios en los que se realicen actividades de venta, para ofrecerles a los clientes un nuevo método de pago que sea más cómodo para algunos de ellos. De este modo, el cliente introduce la tarjeta, el trabajador teclea el importe a abonar y se realiza el cobro por parte del banco con el que la empresa haya contratado el TPV. Este aparato permite realizar copias y resguardos de los *tickets* elaborados.

⊃ **Smartwatch:** este dispositivo hace referencia a los relojes inteligentes. Se trata, pues, de un reloj que aúna todas las funciones (o la mayoría) de un *Smartphone* pero en un reloj de muñeca. Así, estos relojes permiten tener control de la hora, pero también recibir llamadas o leer mensajes, entre otras.

Para que este reloj funcione adecuadamente basta con conectarlo a un teléfono móvil a través de la aplicación correspondiente y mediante la conectividad *bluetooth*.

⊃ **Smartband:** es un dispositivo muy similar a un *smartwatch,* aunque este está especialmente orientado al mundo del deporte. Estos son pulseras que recogen toda la actividad física del sujeto que la lleva: pasos, deporte que realiza, calidad del sueño, calorías que quema, etc.

Cabe destacar que hay restaurantes, bares, *pubs* o discotecas que hacen también uso de unas *smartbands* más sencillas para identificar al camarero cuando este toma nota de alguna comanda en el ordenador principal.

APLICACIÓN PRÁCTICA

Michel es el dependiente en una tienda de teléfonos móviles. Sus labores principales se centran en atender a los clientes que acceden a la tienda y, luego, realizar finalmente la venta en el mostrador y despachar al cliente. ¿Cuál es el principal dispositivo que va a utilizar Michel en su trabajo?

Solución

El TPV le permitirá a Michel recibir el cobro por tarjeta de aquellos clientes que así lo deseen. Es un imprescindible en las tiendas.

---

7. Aplicaciones

 **HILO CONDUCTOR**

Y, tal y como le explican a Manuela, los dispositivos por sí solos no son tan funcionales, necesitan de las llamadas aplicaciones, las cuales se pueden emplear también en muchos más ámbitos de los pensados. ¿Qué son las aplicaciones? ¿Dónde puede encontrarlas?

Una aplicación (o *app*) es **una de las principales herramientas tecnológicas** que se han instaurado en la sociedad hoy en día. Esta consiste, ni más ni menos, en un programa informático que está diseñado para poder realizar una serie de funciones específicas.

NOTA

Las aplicaciones son creadas para facilitar ciertas tareas de la vida diaria, tanto a nivel personal como a nivel profesional.

Hoy en día, las aplicaciones más comunes son las denominadas **aplicaciones móviles,** que son aquellas que se diseñan para ser utilizadas en móviles o *tablets.* De este modo, estas aplicaciones tienen una serie de ventajas que son las que hacen que sean cada vez más famosas y estén cada vez más instauradas en todos los ámbitos de la sociedad:

Son asequibles

- Normalmente, las aplicaciones son mayoritariamente gratuitas y aquellas que son de pago tienen un precio bastante reducido. Esto hace que sean asequibles para prácticamente todos los usuarios, ya que suelen ser también compatibles con cualquier tipo de dispositivo móvil.

Ofrecen una experiencia atractiva

- Las aplicaciones móviles destacan por ofrecer a los usuarios una experiencia muy atractiva, ya que suelen tener un diseño muy interesante, llamativo e intuitivo.

Son beneficiosas para el día a día

- La mayoría de aplicaciones están diseñadas para ser utilizadas en el día a día, pues sirven para hacer la compra, ver el tiempo, mandar correos electrónicos desde el móvil, estar en contacto, etc.

Facilitan las compras

- Sin duda, una gran ventaja de las aplicaciones móviles es que facilitan el proceso de realizar una compra, ya sea a un establecimiento o incluso a un vendedor de segunda mano. Es todo mucho más rápido y sencillo.

Mejoran la productividad

- Muchas aplicaciones ayudan a mejorar la productividad, tanto a nivel personal como en el entorno laboral. Ayudan a optimizar las tareas y el tiempo, y permiten tener a mano muchos más recursos e información.

Con todo, la tecnología en general y las aplicaciones en particular son empleadas en una serie de sectores muy interesantes. Son, justamente, estos sectores los que permiten ver que las aplicaciones son muy beneficiosas para todos los usuarios en cualquier aspecto de su vida cotidiana.

Así, los principales sectores en los que se pueden encontrar las aplicaciones son:

- **Tiempo (meteorología):** actualmente, son muy comunes las aplicaciones para consultar el tiempo que hace en cualquier momento o para poder ver una previsión de días futuros. Es más, las aplicaciones suelen ser muy completas, ya que se puede ver desde la temperatura hasta el viento e incluso el índice de rayos UV.
- **Conducción:** sí, el GPS también es una de esas aplicaciones que ya han pasado a formar parte de la vida diaria de cualquier persona. Aunque no es la única aplicada a la conducción: aplicaciones que alertan sobre el estado del tráfico, de la velocidad, del estado de la calzada, de asistencia en carretera...
- **Comunicación:** sin duda, las aplicaciones más conocidas son las que permiten la comunicación a través de la mensajería instantánea o incluso a través de las redes sociales. Al tratarse de una comunicación bidireccional, también utilizan estas aplicaciones las empresas para comunicarse con sus clientes o usuarios.
- **Búsqueda de empleo:** es tal la popularidad de las aplicaciones hoy en día, que se han creado, incluso, aplicaciones para buscar trabajo. En estas, los reclutadores publican las diferentes ofertas y los trabajadores pueden crear sus perfiles y currículums para postularse en las ofertas que más les interesen.
- **Entretenimiento:** aplicaciones para ver películas, series, de juegos... Todas ellas están orientadas a hacer disfrutar al usuario con el mero entretenimiento.
- **Deporte:** son aplicaciones relacionadas con el mundo del deporte: desde entrenamientos diarios al registro de datos sobre el deporte que se realiza o incluso retos para mantenerse en forma.
- **Banca electrónica:** la banca electrónica lleva unos años en auge y lo cierto es que cada vez más usuarios han empezado a utilizar estas aplicaciones que sus entidades bancarias les facilitan. Gracias a ellas, pueden acceder a sus cuentas e incluso realizar transferencias u otros movimientos desde el móvil o la *tablet.*

 ACTIVIDAD COMPLEMENTARIA

6. Pon algún ejemplo de una aplicación que utilices en tu día a día y que te ayude con algunas tareas cotidianas. ¿En qué consiste? ¿Para qué la utilizas? ¿Notas una verdadera diferencia al utilizarla?

8. Soluciones de impresión

☞ HILO CONDUCTOR

Para terminar con la formación, a Manuela también le explican la importancia de unas soluciones tecnológicas a veces olvidadas, pero que son igual de importantes en la sociedad actual: las soluciones de impresión. ¿Qué dispositivos existen para ello?

Una de las principales necesidades con las que se puede encontrar en cualquier momento es con la de tener que imprimir algún documento. Es entonces cuando se hace latente la importancia de contar con un dispositivo de impresión que cumpla su función.

SABÍAS QUE...

La primera impresora de inyección de tinta fue comercializada en 1988, habiendo sido desarrollada por HP.

Hay que destacar que, habitualmente, el principal dispositivo para imprimir es la tan conocida impresora, pero es cierto que, hoy en día, existen ya diferentes dispositivos y maneras de imprimir los documentos que se necesitan:

> **Impresoras**
> - Son los principales dispositivos de impresión. Aquí, existen diferentes modelos: desde algunos más básicos para uso personal como algunos mucho más completos y profesionales para uso laboral.

Continúa en página siguiente >>

<< Viene de página anterior

Imprentas *online*
- Es también una solución muy interesante, especialmente para aquellos que no tengan un dispositivo de impresión en su casa o en su oficina. Para poder utilizar estos servicios basta con enviar a la imprenta en cuestión aquello que se quiere imprimir, con las especificaciones deseadas, y recibir el pedido en la dirección postal especificada.

Impresión nativa de *ChromeOS*
- Es un sistema integrado en *ChromeOS* que permite añadir y gestionar impresoras sin necesidad de servicios externos ni otros *drivers* adicionales. *ChromeOS* permite imprimir directamente en impresoras compatibles con red (WiFi/Ethernet) o protocolo IPP. Este servicio elimina la necesidad de contar con el antiguo *Google Cloud Print.*

AirPrint
- *AirPrint* es una tecnología de Apple que permite imprimir de forma inalámbrica desde dispositivos iOS y macOS sin necesidad de instalar controladores. Ayuda a detectar e imprimir en impresoras compatibles conectadas a la misma red WiFi.

Microsoft Universal Print
- Es un servicio de impresión en la nube para entornos empresariales que está integrado en Microsoft 365, gestionado a través de *Azure Active Directory.* Permite imprimir desde cualquier lugar en impresoras registradas en la nube.

RECUERDA

Cada una de estas soluciones es óptima en función de las necesidades que un usuario tenga en un momento determinado.

 **TAREA 4**

HortoFruit S. L. es una empresa hortofrutícola que ha decidido acudir a una feria de alimentación para exponer sus productos a compradores y proveedores. Así, en esta feria han montado un *stand* en el que van a tener diferentes productos para vender allí mismo (en esta feria solo se acepta pago con tarjeta); van a repartir *flyers* para promocionar su empresa y el lanzamiento de su nueva app de venta *online;* van a repartir, también, bolsas de tela y otros productos de *merchandising,* y van a anotar en un dispositivo electrónico a los usuarios que quieran participar en un sorteo.

Teniendo toda esta información, identifica cuáles son los dispositivos tecnológicos que van a necesitar en la feria para poder dar servicio a todo lo planteado. Selecciona qué solución de impresión han utilizado también en esta ocasión.

9. Resumen

La tecnología ha traído consigo una serie de dispositivos que ayudan a los usuarios a realizar tareas personales y, sobre todo, tareas profesionales con una mayor optimización del tiempo y de los recursos. Así, estos dispositivos son:

- *Smartphone*
- Portátil
- *Tablet*
- PDA
- TPV
- *Smartwatch*
- *Smartband*

La implementación de estos dispositivos en el ámbito laboral permite obtener una serie de ventajas muy interesantes:

> Aumento de la productividad.

Continúa en página siguiente >>

<< Viene de página anterior

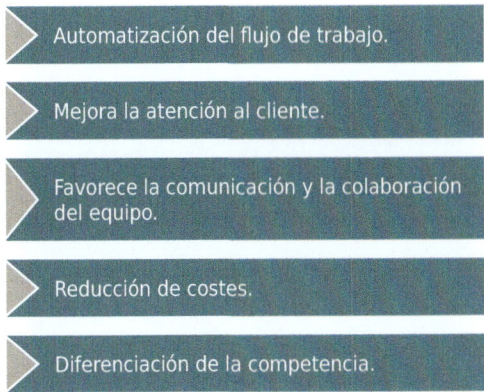

Automatización del flujo de trabajo.

Mejora la atención al cliente.

Favorece la comunicación y la colaboración del equipo.

Reducción de costes.

Diferenciación de la competencia.

Pero la utilización de dichos dispositivos no se puede realizar indistintamente, sino que se debe valorar cuáles son las necesidades de cada sector profesional, en general, y de cada empresa, en particular, para poder seleccionar las herramientas más adecuadas.

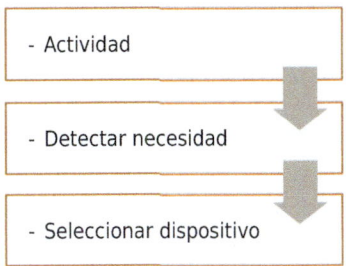

- Actividad

- Detectar necesidad

- Seleccionar dispositivo

Así, a estos dispositivos y mejoras tecnológicas les acompañan las denominadas aplicaciones, las cuales permiten completar al máximo las funcionalidades de dichas herramientas.

Ejercicios de autoevaluación
Unidad de Aprendizaje 4

1. **¿Cuál de las siguientes no es una ventaja de la tecnología en las empresas?**

   a. Aumento de la productividad.
   b. Mejora la atención al cliente.
   c. Iguala costes.
   d. Automatiza el flujo de trabajo.

2. **¿Qué significa *XaaS*?**

   a. *X as a service.*
   b. *Anything for a service.*
   c. *Anything as a service.*
   d. *Xange as a service.*

3. **¿Qué es una plataforma *low-code*?**

   a. Una plataforma que permite el desarrollo de aplicaciones de manera rápida y sencilla.
   b. Una plataforma que permite la edición de vídeos de manera rápida y sencilla.
   c. Una plataforma de programación universal.
   d. Una plataforma de código fuente y HTML.

4. **Ordena cronológicamente los pasos para escoger las herramientas más adecuadas en función al tipo de actividad:**

   __ Detectar necesidad
   __ Actividad
   __ Seleccionar dispositivo

5. **Indica si la siguiente afirmación es verdadera o falsa: "Una PDA es un dispositivo que permite el pago con tarjeta".**

   ■ Verdadero
   ■ Falso

6. ¿Cuál es la abreviación de aplicación móvil?

    a. *App.*
    b. Apl.
    c. Apl mvl.
    d. Mvl.

7. ¿Cuál de los siguientes es un sector en el que se pueden encontrar aplicaciones hoy en día?

    a. Tiempo.
    b. Deporte.
    c. Banca electrónica.
    d. Todas las opciones son correctas.

8. ¿Cómo se llama el servicio de *Microsoft* para la impresión?

    a. *Microsoft Print*
    b. *Microsoft Air*
    c. *Microsoft Cloud Print*
    d. *Microsoft Universal Print*

9. Indica si la siguiente afirmación es verdadera o falsa: "El 96,8 % de los hogares españoles dispone de acceso a Internet por banda ancha fija y/o móvil".

    ■ Verdadero
    ■ Falso

10. ¿Cuál es el nombre que recibe un reloj inteligente?

    a. *Smartband*
    b. *Smartwatch*
    c. *Smartphone*
    d. *Tablet*

Glosario

Cloud computing
Una nueva manera de ofrecer servicios a usuarios a través de la conectividad y gran escala de internet. Permite el acceso remoto a almacenamiento de archivos, *softwares,* etc. mediante internet.

Correo electrónico
Es una forma de comunicación escrita entre personas que tiene lugar a través de herramientas digitales. También recibe el nombre de *e-mail* (en inglés, *electronic mail).*

Drivers
Son programas que permiten al sistema operativo comunicarse con dispositivos como impresoras o tarjetas gráficas. Actúan como un puente entre el *hardware* y el *software,* asegurando que funcionen correctamente juntos. Ayudan a que el ordenador entienda cómo usar un dispositivo, como una impresora o un ratón.

Fanpage
Es una página en *Facebook* que sirve como perfil de una empresa, en la cual comparten todo el contenido relativo a la misma y los usuarios pueden convertirse en seguidores.

Gif
Graphics interchange format. Una imagen que está en movimiento.

Hackear
Acción que lleva a cabo el *hacker.*

Hacker
Usuario que, gracias a sus grandes conocimientos en informática, accede a sistemas informáticos ajenos de manera ilegal. Así, busca conseguir datos concretos o simplemente manipular dichos sistemas.

Huella digital

Registro de información en internet, el cual identifica al usuario y lo individualiza. Se trata de todos los rastros que un usuario va dejando en cada una de sus acciones en la red.

Inteligencia artificial

Sistema que permite a una máquina comportarse de manera similar a la de un humano, gracias a la inteligencia.

Microblogging

Nuevo tipo de comunicación en redes sociales que consiste en el envío de mensajes cortos de texto.

Motor de búsqueda

Sistema informático que permite buscar todo tipo de información en la red, almacenándola en una gran base de datos. Permite buscar información de manera rápida y sencilla.

Palabras clave

Término de búsqueda concreto que hace referencia a un contenido y que sirve para posicionar páginas webs.

Prosumer

Tipo de usuario que aparece con la web 2.0 y que es consumidor a la vez de generador de contenido gracias a sus opiniones en la red.

Realidad virtual

Es una simulación computarizada en la que se recrean escenas y objetos de apariencia real. Estas escenas y objetos se generan a través de la tecnología y permiten al usuario vivir nuevas experiencias.

Red social

Plataforma en la que se reúnen, en un entorno virtual, un conjunto de personas que crean comunidades al tener cosas en común.

RGPD

Reglamento General de Protección de Datos. Documento en el que se recogen todas las normas que, a nivel europeo, afectan a la protección de datos de personas y usuarios. Esta protección se lleva a cabo tanto en la vida real como en el mundo *online*.

SEO

Search engine optimization. Técnica de *marketing* que busca el posicionamiento orgánico de una página web.

Target
El público objetivo al cual se dirige una acción.

Usuario digital
Aquel que está directamente asociado a las nuevas tecnologías de la información y que tiene integrados los conceptos digitales.

Web 2.0
Es la web dinámica. Aquí los usuarios forman parte de ella y se convierten en el centro de actividad de la misma.

Bibliografía

Textos electrónicos, bases de datos y programas informáticos

→ *10 beneficios y ventajas de las redes sociales para empresas,* de:
<https://klawter.com>.

> Artículo muy interesante en el que se resumen las principales ventajas que ofrecen las redes sociales a las empresas.

→ *10 consejos para proteger tus redes sociales,* de:
<https://amalialopezacera.com>.

> Artículo en el que se desglosan una serie de consejos y recomendaciones para proteger la información en redes sociales.

→ *6 beneficios que le dan las redes sociales a una empresa,* de:
<https://www.masdigital.net>.

> Completo artículo que versa sobre los beneficios que le reportan las redes sociales a las empresas.

→ *7 ventajas del almacenamiento en la nube para tus contenidos,* de:
<https://es.semrush.com>.

> Artículo muy completo en el que se habla del almacenamiento en la nube y se desglosan las principales ventajas del mismo.

→ *Apple Support: Acerca de AirPrint,* de:
<https://support.apple.com/es-es/HT201311>.

> Página que ofrece información sobre *AirPrint,* la tecnología de Apple que permite imprimir directamente desde dispositivos iOS y macOS.

→ *Buscadores web,* de: <https://culturaseo.com>.

> Interesante y completo artículo en el cual se describe qué es un buscador web, cómo funciona y cuáles son los más utilizados hoy en día.

→ *Cloud Computing. Aplicaciones en un solo tacto,* de: <https://www.salesforce.com>.

> Artículo en el que se recoge información relacionada con el *cloud computing,* qué es y qué modalidades tiene.

→ *Cómo funciona internet,* de: <https://www.areatecnologia.com/>.

> Artículo muy completo en el que se explica cuál es el funcionamiento de internet paso a paso.

→ *Cómo proteger la privacidad en las redes sociales,* de: <https://www.das.es>.

> Artículo en el que se recogen consejos para proteger las redes sociales y evitar los riesgos que pueden surgir.

→ *Cómo son las seis generaciones de la era digital,* de: <https://www.trecebits.com>.

> Artículo muy completo en el que se desglosan y detallan las seis generaciones que conforman la era digital.

→ *Conoce los beneficios de la tecnología digital para tu empresa,* de: <https://www.mydatascope.com>.

> Artículo en el que se reflejan una serie de beneficios de la tecnología digital en las empresas.

→ *Correo electrónico,* de: <https://www.todamateria.com>.

> Completo artículo en el que se detalla al máximo qué es el correo electrónico, de qué está compuesto y cómo funciona, además de ofrecer algunos datos de interés sobre el mismo.

→ *El correo electrónico, una historia de éxito,* de: <https://www.lne.es>.

> Artículo en el que se desarrolla la historia del correo electrónico: cómo nació, cuál ha sido su recorrido y cuál es su importancia actual.

→ *Google Support: Imprimir desde un Chromebook,* de: <https://support.google.com/chromebook/answer/7225252>.

> Página de ayuda de *Google* en la que se explica cómo configurar y utilizar la impresión nativa en dispositivos *ChromeOS,* detallando los pasos para añadir impresoras conectadas a la red local sin necesidad de servicios externos.

→ *Información de tecnologías cloud,* de: <https://www.hostingred.com>.

> Artículo en el que se define el concepto de *cloud* y se desglosan las principales tecnologías derivadas de ello.

→ *La virtualidad,* de: <https://educacion.elpensante.com>.

> Artículo muy interesante que versa sobre el concepto de virtualidad y expone las diversas posibilidades de la misma.

→ *Las 5 mejores plataformas para crear blogs,* de:
  <https://www.antevenio.com>.

  Completo artículo en el que se plasman las cinco principales plataformas para crear blogs en la actualidad.

→ *Las ventajas de la tecnología en las empresas,* de:
  <https://economipedia.com>.

  Artículo que recoge las principales ventajas de la tecnología para las empresas, desglosándolas una a una.

→ *Lo que debes saber sobre las tendencias tecnológicas que transformarán las empresas en 2020,* de: <https://www.emprendedores.es>.

  Artículo en el que se recogen las principales tendencias tecnológicas que van a tener lugar en las empresas a partir del año 2020.

→ *Los 6 mejores servicios de almacenamiento en la nube,* de:
  <https://axarnet.es>.

  Completo artículo en el que se detallan los principales servicios de almacenamiento en la nube, haciendo especial hincapié en sus características y peculiaridades.

→ *Los 8 grandes beneficios del cloud computing,* de:
  <https://www.chakray.com>.

  Completo artículo en el que se enumeran una serie de ventajas del *cloud computing.*

→ *Los dispositivos tecnológicos que no te pueden faltar en tu día a día,* de:
  <https://www.lavanguardia.com>.

  Artículo en el que se recogen los principales dispositivos tecnológicos que cualquier usuario utiliza en el día a día.

→ *Microsoft: Universal Print,* de:
  <https://www.microsoft.com/es-es/microsoft-365/windows/universal-print>.

  Interesante página de ayuda de *Microsoft* en la que se describe de forma muy completa el servicio Universal Print.

→ *Mi identidad digital,* de: <http://canaltic.com>.

  Artículo en el que se recoge información sobre la identidad digital y las características de la misma. Además, se ofrecen una serie de consejos para tener una buena identidad digital y mantenerla cuidada.

→ *Protege tu huella digital,* de: <https://www.ibiscomputer.com>.

  Interesante artículo en el que se refleja qué es la huella digital y algunos consejos sobre cómo protegerla y cuidarla.

→ *Qué es cloud y para qué sirve,* de: <https://www.profesionalreview.com>.

Completo artículo en el que se desarrollan las diferentes tecnologías *cloud* que se pueden encontrar hoy en día.

→ *Redes sociales verticales y horizontales [ejemplos],* de: <https://antoniosala.es>.

Completo artículo en el que se desglosan las características de las redes sociales horizontales y las verticales. Toda la información está acompañada de ejemplos.

→ *Redes sociales verticales y horizontales,* de: <https://www.braunmarketingandconsulting.es>.

Artículo en el que se diferencian las redes sociales verticales y horizontales utilizando ejemplos.

→ *Seis perfiles de usuario digital que han protagonizado 2019,* de: <https://www.interempresas.net>.

Interesante artículo que versa sobre los principales perfiles digitales que han tenido lugar en el año 2019.

→ *Social Media Marketing: 10 Redes Sociales para tu empresa,* de: <https://fernandorubio.es>.

Muy completo artículo en el que se recogen las principales redes sociales que son interesantes para las empresas.

→ *Tipos de blogs,* de: <https://vivirdeingresospasivos.net>.

Interesante artículo en el que se sintetizan los diferentes tipos de blogs que existen.

→ *Tipos de usuarios digitales,* de: <https://martaespinosad.wordpress.com>.

Artículo en el que se desglosan los diferentes tipos de perfiles de usuarios digitales. Es muy interesante porque se realiza una exhausta definición y pormenorización de las características de cada grupo.

→ *Tu perfil digital es tan importante como tu currículum,* de: <http://audirodriguez.info>.

Interesante artículo en el que se expresa la definición de la identidad digital y la relación de la misma con diferentes plataformas de la red.

→ *Ventajas y desventajas de las aplicaciones móviles,* de: <https://www.factoriacreativabarcelona.es>.

Artículo muy interesante en el que se detallan las principales ventajas y desventajas de las aplicaciones móviles para los usuarios.

→ *Vivir entre apps: la historia de cómo hemos cambiado,* de: <https://www.elmundo.es>.

> Interesante artículo de *El Mundo* en el que se refleja la importancia que tienen las aplicaciones hoy en día y en qué ámbitos están estas incluidas.

→ *¿Cómo puedes cuidar tu huella digital?* de: <https://noticias.universia.cl>.

> Artículo en el que se recogen una serie de consejos para que los usuarios puedan cuidar su huella digital en internet.

→ *¿Qué es un blog y para qué sirve?* Mi Posicionamiento Web, de: <https://miposicionamientoweb.es>.

> Artículo muy interesante y completo en el que se detalla qué es un blog, cuál es su historia, cuáles son sus partes o qué tipos de blogs, entre otros.

→ *¿Qué es un blog y para qué sirve?* de: <https://blog.mailrelay.com>.

> Completo artículo en el que se desglosa qué es un blog, qué tipos hay y qué características poseen cada uno de ellos.